UNE SUISSE EN CRISE

COLLECTION LE SAVOIR SUISSE

Cette collection a pour premier objectif d'offrir aux communautés universitaires de Suisse et à leurs instituts spécialisés un moyen de communiquer leurs recherches en langue française, et de les mettre à la portée d'un public élargi. Elle publie également des études d'intérêt général ainsi que des travaux de chercheurs indépendants, les résultats d'enquêtes des médias et une série d'ouvrages d'opinion.

Elle s'assure de la fiabilité de ces ouvrages en recourant à un réseau d'experts scientifiques. Elle vise la lisibilité, évitant une langue d'initiés. Un site web (www.lesavoirsuisse.ch) complète le projet éditorial. La collection offre, dans une Suisse en quête de sa destinée au seuil du 21e siècle, une source de savoir régulièrement enrichie et elle contribue à nourrir le débat public de données sûres, en situant l'évolution de nos connaissances dans le contexte européen et international.

La *Collection Le savoir suisse* est publiée sous la direction d'un Comité d'édition qui comprend: Jean-Christophe Aeschlimann, rédacteur en chef de «Coopération», Bâle; Robert Ayrton, journaliste et politologue; Stéphanie Cudré-Mauroux, licenciée ès lettres, conservatrice aux Archives littéraires suisses, Berne; Bertil Galland, président du comité, journaliste et éditeur; Nicolas Henchoz, journaliste, adjoint du président de l'EPFL; Peter Kraut, attaché scientifique à la direction de la Haute Ecole des Arts, Berne; Jean-Philippe Leresche, professeur associé UNIL et directeur de l'Observatoire EPFL Science, Politique, Société. Membre fondatrice: Anne-Catherine Lyon, conseillère d'Etat (Vaud).

La publication des volumes de la *Collection* est soutenue à ce jour par les institutions et personnes suivantes:

FONDATION CHARLES VEILLON – LOTERIE ROMANDE – SANDOZ FAMILY OFFICE – FONDATION LEENAARDS – FONDATION PITTET DE LA SOCIÉTÉ ACADÉMIQUE VAUDOISE – UNIVERSITÉ DE LAUSANNE – SOCIÉTÉ D'AIDE À L'EPFL – POUR-CENT CULTUREL MIGROS – FONDS NATIONAL SUISSE DE LA RECHERCHE SCIENTIFIQUE – FONDATION OERTLI – M. PIERRE ARNOLD

que l'Association «Collection Le savoir suisse» et l'éditeur tiennent ici à remercier.

Jürg Altwegg

UNE SUISSE EN CRISE

De Ziegler à Blocher

Presses polytechniques et universitaires romandes

NOTE DES ÉDITEURS

Dans la tradition de la tribune libre, la *Collection Le savoir suisse* consacre les ouvrages de la série « Opinion » à l'expression de vues personnelles et les positions prises sont celles de l'auteur invité.

Titre original :
Ach, du liebe Schweiz : Essay zur Lage der Nation

Texte revu et mis à jour par l'auteur pour l'édition française, et traduit de l'allemand par Charles Bourgeois et Marianne Enckell.

Secrétariat de la Collection : *Christian Pellet*
Graphisme de couverture : *Emmanuelle Ayrton*
Illustration de couverture : *« Portrait de West-West » (détail),
	huile sur panneau toilé, 2002, Stéphane Fretz*
Maquette intérieure : *Allen Kilner, Oppens*
Mise en page et réalisation : *Alexandre Pasche*
Impression : *Corbaz SA, Montreux*

La *Collection Le savoir suisse* est une publication des Presses polytechniques et universitaires romandes, fondation scientifique dont le but est principalement la diffusion des travaux de l'Ecole polytechnique fédérale de Lausanne et d'autres universités francophones. Le catalogue général peut être obtenu aux PPUR, EPFL – Centre Midi, CH-1015 Lausanne, par e-mail à ppur@epfl.ch, par téléphone au (0)21 693 41 40 ou encore par fax au (0)21 693 40 27.

www.ppur.org

Edition originale en langue allemande
© Nagel & Kimche im Carl Hanser Verlag, München, Wien, 2002.

Première édition en langue française
© 2004, Presses polytechniques et universitaires romandes, Lausanne
ISBN 2-88074-591-8

TABLE DES MATIÈRES

*« Les Suisses entrent dans leur histoire
en essayant d'en sortir. »*

Alfred Berchtold, 1964

REMERCIEMENTS

Pour Nadine, Dimitri et Alana, ce portrait contemporain d'un pays étrange qui est le mien.

1

L'OR DES CALVINISTES

L'ARGENT ET LES BIENS

L'idée qu'on se fait d'une Suisse xénophobe remonte bien plus de mille ans avant l'invention du pays. «Tout le monde sait que les Helvètes sont d'une race extrêmement belliqueuse et assoiffée de sang. Leur racisme est bien connu. Ils dépouillent les étrangers jusqu'à leur dernière chemise s'ils s'égarent dans le pays. Ils ont pour habitude de les enfermer dans des maisons particulières, les Hotelli. Ceux qui s'en échappent sont poursuivis jusqu'au fin fond des montagnes. On dit même que les Helvètes mettent des clochettes au cou des étrangers pour les repérer rapidement en cas d'évasion…»

Ce portrait des Suisses, inspiré de Jules César, c'est Bertolt Brecht qui le trace dans son roman inachevé sur l'empereur. Dans la *Guerre des Gaules*, le Romain dépeint non seulement les Helvètes comme un peuple corrompu, qui attaque les étrangers et les détrousse, mais il fait même passer leur meneur Orgétorix pour un obsédé du pouvoir, coupable de haute trahison.

Les préjugés sur la Suisse, on les trouve aussi dans *Heidi* qui a répandu dans la littérature internationale une image du pays que restitue *Astérix chez les Helvètes*. Cette bande dessinée évoque des événements de l'histoire récente, les mélangeant allègrement avec les clichés qui datent de Jules César et les transpose dans le passé. L'aventure helvétique d'Astérix et Obélix dure trois jours, du 29 juillet au 1er août, date à laquelle les Suisses célèbrent leur Fête nationale. Au moment où Astérix fait un crochet dans la future Confédération, la guerre, que César a très vite remportée, remonte à quelques années. On vient de réparer les dégâts qu'elle a causés ; le plus important ouvrage d'art de l'Helvétie, le pont sur le Rhône près de Genève – détruit au début des hostilités par le proconsul romain – est reconstruit. Alors que les milliards des militaires et des hommes politiques reposent dans les coffres-forts des banques, César lui-même, qui a modelé son image des Helvètes pour servir ses intérêts romains et justifier sa guerre, a mis lui-même en sûreté chez les banquiers privés genevois le butin qu'il avait ramené de sa campagne d'Egypte.

Mythe et réalité : quand Dieu créa la Suisse, il ne fit pas les Alpes en or, mais en granit. Le pays est beau, mais inhospitalier, pauvre en matières premières, au sol aride. Dieu n'a pas institué au cœur de l'Europe un paradis terrestre. Les Confédérés ont dû se battre durement pour leur pain quotidien et leur liberté politique. Beaucoup gagnaient leur vie comme mercenaires à l'étranger. Des gardes suisses étaient postés à la Bastille lorsque les révolutionnaires la prirent d'assaut ; aujourd'hui encore, ces mêmes gardes suisses protègent le Vatican.

Des siècles durant, la petite Suisse fut un pays d'émigration. Les cantons de montagne envoyaient leurs enfants travailler en Allemagne ou en Italie, ramoneurs à Milan ou chemineaux en Souabe, qui n'y ont d'ailleurs pas fait fortune. C'est au 18e siècle que le tourisme commença, d'abord avec les Anglais, mais le pays ne s'industrialisa et ne se modernisa que cent ans plus tard. Il était à l'époque très loin de l'importance qu'on attribue aujourd'hui à sa place financière. Dans les années trente du 20e siècle, avant qu'elle ne sorte de la Seconde Guerre mondiale en tant que puissance financière, la Suisse n'était pas encore un pays riche. Mais ses banques marquaient déjà de leur empreinte la culture du pays.

Les activités bancaires genevoises remontent au temps des marchands de soie et d'or, à qui la République de Calvin accorda l'asile politique vers la fin du 16e siècle. Les réfugiés, poursuivis pour des raisons confessionnelles, portaient des noms tels que Turrettini ou Micheli. En provenance de l'Europe latine, ils arrivaient dans la «Rome protestante», à l'essor économique de laquelle ils allaient participé de manière déterminante. Sans toutefois obéir très strictement aux convictions éthiques qui les avaient contraints à l'exil. Les premiers banquiers de Genève prirent part au financement de guerres – même de celles menées par des rois catholiques comme Louis XIV. Ils accordèrent des crédits aux premières entreprises industrielles et se mirent à commercer avec les pays d'outre-mer. D'emblée, ils se montrèrent cosmopolites et actifs à l'échelle internationale. Les Lullin, Pictet, André et Lombard – des banques privées qui sont autant d'entreprises familiales – constituèrent une sorte d'«Internationale des huguenots» et passèrent dans toute l'Europe pour des pionniers du système bancaire. Si, depuis plus de trois siècles, leurs établissements n'ont cessé de s'adapter aux changements, ils n'ont en fait pas *vraiment* changé. Leurs associés sont toujours recrutés au sein des mêmes petits cercles privés. La loi suisse sur les banques octroie aux instituts privés d'immenses libertés qui reposent uniquement sur une grande confiance ; cela n'a guère changé, malgré le renforcement des dispositions légales décidées à la suite des scandales du blanchiment d'argent et autres. Ces banques ne sont pas tenues de présenter de bilan, bien que la Commission fédérale des banques ait éventuellement le droit de jeter un coup d'œil dans leurs livres.

Le succès de la génération des fondateurs fit école. Mais la réussite souriait seulement à qui disposait de fonds propres très importants, de relations fort étendues et d'un sens des affaires hautement développé. Les faillites étaient nombreuses. Par le fait d'une sélection impitoyable, les banques privées devinrent un club fermé, voire secret, où la solidarité davantage que la concurrence régnait parmi les membres. L'historien Herbert Lüthy cite de nombreux exemples dans son ouvrage sur la banque protestante. Les banquiers privés se sont toujours montrés solidaires, tout particulièrement en périodes de crise. Il en était déjà ainsi quand la Compagnie d'Occident de l'Ecossais John Law, autorisé à exploiter une banque privée à Paris, s'écroula en 1720 et que la France sombra dans une profonde crise économique. La Révolution française, sous cet angle, fut une catastrophe. Les réformes du Genevois Jacques Necker, qui s'occupait à Paris des finances de l'Etat, ne purent l'empêcher.

On confia aux banquiers calvinistes du monde entier les tâches de conseiller gouvernements et monarques, ainsi que de gérer entreprises ou manufactures royales. Cela conduisit Albert Gallatin, émigré jeune en Amérique, jusqu'au poste de ministre des Finances des Etats-Unis. Mais il est plutôt connu comme philologue : il figure dans la tradition linguistique genevoise, dont le plus brillant représentant, au début du 19e siècle, fut Ferdinand de Saussure, issu d'une famille qui donna de nombreux banquiers. C'est de la même famille que fait partie le géologue et botaniste Horace Bénédict de Saussure, inventeur de nombreux instruments de physique et premier homme à gravir le Mont-Blanc. Sa fille épousa un descendant de la famille Necker.

Germaine de Staël, l'enfant le plus célèbre de Jacques Necker, fit du Château de Coppet, non loin de Genève, un centre de l'Europe culturelle. Avec Lord Byron, elle était régulièrement l'hôte de la splendide propriété de Henry Hentsch – lui aussi fondateur d'un institut financier calviniste renommé, à Sécheron, sis en ce temps-là aux portes de la ville. Les Hentsch recevaient l'establishment international de l'époque. De toujours, les banquiers ont participé activement à la vie publique, se sont intéressés à la culture, se sont engagés au plan éthique et social, ouverts au monde et à la raison philosophique. En politique, ils se montrent pourtant toujours très conservateurs, car ils doivent investir sur le long terme ; leurs affaires sérieuses ne peuvent donc prospérer que dans un système social solide. Ils n'excluent en rien la spéculation et les réformes, quand celles-ci promettent de servir l'ordre et la continuité.

UN POUVOIR DANS L'OMBRE

Les bouleversements de 1789 ont durement frappé les banquiers. Bien qu'ils fussent dans l'esprit du temps et en dialogue permanent avec les hommes politiques et les philosophes, ils ne virent pas venir la Révolution, même si les signes avant-coureurs de celle-ci semblent avoir stimulé les affaires. Dans les deux ou trois décennies avant la fin de l'Ancien Régime, les banquiers se sont intéressés à la France comme jamais auparavant : en 1763, trois millions de livres affluèrent de Paris à Genève, puis douze millions en 1785. Pour de nombreuses banques, la Révolution a signifié leur arrêt de mort. Les banques privées actuelles, fondées pour la plupart entre la fin du 18e et le milieu du 19e siècle, doivent leur existence à ces bouleversements et à leurs effets persistants.

Le choc, profond, eut des conséquences à long terme. Après la Révolution française, les banquiers réagirent maladroitement à la révolution industrielle. Le capitalisme naissant ne correspondait pas à leur mentalité : après des décennies d'expansion qu'ils avaient dû payer cher, ils n'étaient plus disposés à courir de risques. Ce n'est donc pas les instituts financiers privés qui assouvirent les immenses besoins de capitaux, mais bien les jeunes banques d'affaires et de commerce qui, par des méthodes de financement audacieuses, participèrent à cette relance. Les Genevois, qui ne finançaient presque plus de projets internationaux, contribuèrent de façon marginale à la modernisation de la Suisse. Ils accordèrent des prêts pour l'électrification du pays et la construction du tunnel du Simplon mais se montrèrent sceptiques face aux changements des processus de production dans les usines. Un seul membre de la famille Pictet a écrit un chapitre de l'histoire de l'industrie helvétique, avec les automobiles *Pic-Pic*, mais leur production se termina très vite. Dans l'ombre des grandes banques en plein développement, qui fonctionnaient comme des sociétés anonymes et qui disposaient de moyens financiers beaucoup plus importants, les instituts privés se sont concentrés sur une activité qui, aujourd'hui plus que jamais, est devenue leur spécialité, la gestion de fortune. Ce domaine touche plutôt les rentes que les capitaux à risques. Les banquiers privés profitent ainsi depuis le 19e siècle de la stabilité de la Suisse qui, dans une Europe en crise et en guerre, est restée un îlot de paix et d'ordre, doté d'une monnaie à laquelle on pouvait se fier.

Dans les années 1980 encore, aucune des banques privées genevoises n'était impliquée dans des scandales. Tout récemment pourtant, elles ont fait à plusieurs reprises les gros titres de la presse. Ainsi, les millions découverts sur un compte genevois, qui provenaient d'une douteuse vente d'armes livrées en Afrique. Cela aboutit, fin 2000, à la mise en examen pour trafic d'armes de Christophe Mitterrand, fils de l'ancien président français. «Si un inconnu vient me voir avec une serviette bourrée de billets de dix dollars, je le mets évidemment à la porte», prétend un banquier. Et de nuancer aussitôt : «Mais ça se passe tout autrement en réalité. Nos clients sont soumis de notre part à de très hautes exigences éthiques : nous voulons savoir si l'argent a été acquis légalement. Marcos, le dictateur philippin, Mobutu ou Milosevic ne venaient du reste pas en personne. Le fameux formulaire B, qui permettait à un client désirant rester anonyme d'ouvrir un compte à numéros, a été supprimé il y a quelques années – ce qui est sûrement une bonne chose. Mais même sans ces comptes anonymes à numéros, il aurait pu nous arriver des histoires pas très jolies.»

Pour autant qu'elles se produisent à l'étranger, la fuite des capitaux comme la fraude fiscale ne sont pas des infractions au sens du droit suisse. Elles sont en outre tout à fait compatibles avec le code d'honneur calviniste. Voilà sans doute pourquoi, quand il est tombé dans les filets de la police française, Jacques Darier s'est senti en harmonie avec sa conscience et son credo professionnel. Incarcéré à la prison de Fresnes, il ne fut libéré qu'après versement d'une caution de quinze millions de francs français – qu'il put allonger immédiatement. Plus tard, la procédure fut stoppée contre paiement de cinq millions. Les enquêteurs de la douane française n'auraient de toute façon pas pu prouver grand-chose contre ce brave citoyen suisse : lors de son arrestation, il avait avalé la liste des titulaires de comptes…

Une liste où devait figurer le nom de Jean-Marie Le Pen. C'est en tout cas ce qu'a laissé entendre l'hebdomadaire *L'Express* lorsqu'il publia l'histoire. Maintes fois condamné pour voies de fait, ce bagarreur et ce soiffard – selon le portrait brossé par *L'Express* – s'était approprié frauduleusement, et dans de tristes circonstances, un héritage qui fit d'abord de lui un homme aisé et qu'il plaça chez Darier, après avoir transféré les millions, rangés dans deux valises pour passer la frontière. A vrai dire, ils avaient été virés à la banque privée peu avant le divorce de Le Pen sur les traces de qui l'épouse délaissée conduisit les autorités de son pays. Arrêté, Darier ne voyait plus qu'une seule possibilité pour que le secret bancaire helvétique le protège des investigations des fonctionnaires de la douane et de la police françaises – et stoïquement il a dégluti la liste.

La divulgation de cette anecdote, qui atteste de leur sens illimité du devoir vis-à-vis de leurs clients, fit sans doute économiser plusieurs millions aux banquiers privés genevois sur leurs fonds dévolus aux relations publiques. Mais Darier et ses collègues auraient préféré que l'on tût cet épisode publié tardivement et par des moyens détournés. Pour les banquiers, des clients comme Le Pen sont embarrassants, les conflits avec la police insupportables – et la discrétion absolue leur est plus chère que la meilleure publicité.

«Je n'accepterais jamais un client qui pratique la fraude fiscale à grande échelle, au moyen, par exemple, de fausses factures» s'emporte un collègue de Darier. «Mais si quelqu'un hérite d'une fortune dont le fisc, pour une raison quelconque, ignore l'existence-là, voyez-vous, ce n'est pas mon problème. Cela ne me regarde pas. Il est des cas où l'impôt tient de la confiscation: quand par exemple, sous un gouvernement travailliste en Angleterre, on imposait à quatre-vingt-dix pour cent les fortunes de plus d'un million de livres. Personnellement, j'ai déclaré au centime près mes revenus au fisc, mais j'habite un pays sensé. Ce n'est pas l'évasion fiscale qui est immorale, c'est l'Etat qui prend à ses citoyens plus de la moitié de ce qu'ils possèdent ou gagnent. Quand l'impôt sur les successions s'élève à soixante-dix pour cent, il ne faut pas s'étonner que des fortunes s'en aillent. Beaucoup de clients – aujourd'hui moins nombreux qu'autrefois, c'est vrai – viennent chez nous, fuyant les autorités fiscales de leur pays, et nous aurions tort de les renvoyer. Pendant la Seconde Guerre mondiale et à d'autres époques difficiles, de nombreuses familles ont pu survivre dans les pays totalitaires grâce aux banques suisses. Après la guerre, ces familles ont reconstruit de nouvelles entreprises.»

Ou elles ne sont jamais revenues de déportation. Depuis que le comportement de la Suisse pendant la guerre est devenu un sujet international et que le Congrès juif mondial a exigé des dédommagements élevés, le bruit a aussi couru, à Genève, que de temps à autre un fondé de pouvoir éminent prenait sa retraite avec une fortune dont on ignorait tout. De cette discussion sur le passé, les banques privées se sont toutefois relativement bien tirées. Cela doit tenir à leur nombre de clients restreint et aux relations très personnelles qu'elles entretiennent avec eux, souvent depuis des générations. Même le critique le plus pointu du système bancaire helvétique, l'homme politique, professeur et journaliste genevois Jean Ziegler, qui pense que la Suisse a prolongé la guerre mondiale avec leur collaboration, éprouve pour les banques privée une certaine sympathie.

Mais, comme l'a même relevé la *Neue Zürcher Zeitung*, elles font encore et toujours l'objet de légendes et de mythes : «Les champions de la médisance disent [des banques privées] qu'elles sont aussi pingres qu'hypocrites, qu'elles bégaient toujours un peu au début d'une phrase pour se donner un petit air britannique, ce qui passe pour distingué. D'innombrables opinions méchantes sur les banquiers privés proviennent d'étrangers célèbres, de Voltaire à Lénine en passant par Stendhal. Le simple citoyen de Genève leur attribue volontiers un pouvoir inquiétant et voit en eux l'incarnation de l'esprit aristocratique de la *Haute Ville* avec les palais des familles nobles, alors que les radicaux passent pour les représentants de la classe moyenne dans les Rues basses.»

En matière de politique locale, c'est le Parti libéral qui défend leurs intérêts, un parti qui n'existe qu'à Bâle, en dehors de la Suisse romande, mais qui, à Genève, se distingue nettement des radicaux. Pendant deux siècles, les banques ont soutenu le *Journal de Genève*, le plus ancien quotidien de Suisse romande, petit, mince et chroniquement déficitaire ; une feuille de qualité qui, malgré des moyens rédactionnels limités, atteignit une qualité étonnante, dont la ligne conservatrice était d'une remarquable indépendance. Ce journal produisait aussi l'un des meilleurs suppléments culturels de la Suisse romande – et peut-être même, pendant quelque temps, de la presse francophone en général. Il y eut un esclandre en 1964. La Suisse organisait alors sa première exposition nationale depuis la guerre, et Genève fêtait le 150e anniversaire de son entrée dans la Confédération. A cette occasion, Walter Weideli, rédacteur du supplément du samedi, écrivit une pièce sur Jacques Necker, *Un banquier sans visage*, que Jean Vilar mit en scène et que la presse couvrit de louanges. Par sa représentation critique d'une figure quasi sacrée à laquelle les Genevois tiennent beaucoup, l'auteur brisait un tabou. Peu après le scandale, bon gré mal gré, Walter Weideli quitta le journal et devint le traducteur de Friedrich Dürrenmatt.

Jusqu'à la fin des années 1990, les banquiers genevois – qui ont aussi été les mécènes de l'Orchestre de la Suisse romande, mais qui ont des rapports compliqués avec l'art – ont épongé les déficits considérables du *Journal de Genève*. Puis ce dernier fusionna avec le *Nouveau Quotidien* paraissant à Lausanne. De cette union naquit *Le Temps*, quotidien réputé de Suisse romande, édité par Edipresse et Ringier, avec *Le Monde* comme actionnaire minoritaire.

Pour les banquiers privés aussi, les temps sont devenus plus agités. Il n'y a pas si longtemps encore, aucun de leurs clients n'aurait eu l'idée de se renseigner sur les résultats de la gestion de son compte, ce que le banquier aurait d'ailleurs pris pour un grave affront. Aujourd'hui, les exigences des investisseurs sont beaucoup plus élevées, et en matière de finances, ils s'y connaissent mieux que jamais. Certains clients ont pour principe de répartir leur argent entre plusieurs banques et de laisser tomber celle qui, à la fin d'une année, offre le plus mauvais résultat.

Les banquiers privés ont dû s'adapter à cette évolution. Ils ont rénové leurs établissements qu'ils ont dotés de la technique la plus moderne. Ils ont fait appel à des analystes et à des experts boursiers doués qui, en général, ont moins mal maîtrisé les crises de croissance que les grandes banques. Mais ils se sont surtout à nouveau internationalisés. Les banquiers voyagent au Japon, dans le Pacifique et les Etats du Golfe. Ils ont appris à faire des affaires avec des investisseurs institutionnels, tout particulièrement avec des caisses de pensions, dont les biens, en Amérique, s'élèvent à des milliers de milliards ; on les traite bien sûr autrement que ceux d'une comtesse toscane ou d'un cheikh d'Arabie. Pictet compte parmi ses clients Rolls-Royce, General Motors et Nestlé ; Lombard & Odier, eux, travaillent entre autres avec IBM.

Edouard Pictet, patriarche de la banque et de la famille du même nom, qui aurait été «très choqué» si l'un de ses enfants épousait une catholique, se rappelle comment il a jadis envoyé promener l'avocat d'un dictateur latino-américain : «Aucun de mes partenaires ne m'a fait de reproche, bien que cela signifiait renoncer à des dizaines de millions. C'est sur des années et des générations que doit se construire le crédit d'une banque – et sa réputation peut être ruinée en vingt-quatre heures. Il ne s'agit pas d'avoir peur de la police, mais il est des choses qui ne se font tout simplement pas. Le facteur éthique est pour moi déterminant.»

Dans les années 1920, son père avait créé la première prévoyance vieillesse privée – celle de l'Etat n'existe que depuis la fin de la Seconde Guerre mondiale. Pour Edouard Pictet, l'éthique protestante marque toujours son quotidien : «Calvin à Genève – c'est une affaire de conscience. On est plus ou moins aisé, plus ou moins riche, mais ce n'est pas une raison de le claironner, au contraire. On se montre modeste. On reste économe, même s'il n'y a aucune nécessité financière à cela. On ne va pas au théâtre avec un bijou orné de diamants juste parce qu'on peut se l'offrir. Ça ne se fait pas. Nous refusons l'apparence et tout ce qu'on désigne trivialement par nouveau riche : comme, par exemple, lorsqu'on croit devoir montrer qu'on possède une Rolls-Royce. Nous dédaignons ces signes extérieurs de richesse par trop voyants. Le faste des rites catholiques nous irrite terriblement. Nous lui préférons le côté sobre et strictement dépouillé du culte protestant. Son austérité nous plaît infiniment.»

LE SENS DE L'ÉCONOMIE CONTRE LE PÉCHÉ

Les banquiers privés de la cité du Rhône entretiennent des relations encore plus étroites avec l'Eglise protestante qu'avec le Parti libéral. Celle-là est séparée de l'Etat et souffre pour cette raison d'un manque chronique de moyens financiers.

Contrairement à beaucoup de protestants, les banquiers s'acquittent de l'impôt ecclésiastique facultatif, en y ajoutant souvent un supplément. Ils soutiennent des particuliers et des œuvres de bienfaisance pour lesquelles eux-mêmes ou leurs épouses se dévouent aussi personnellement. Pour célébrer des baptêmes, des mariages ou des obsèques, les banquiers font appel au pasteur Henry Babel qui est un brillant orateur. Par la puissance de sa parole, il confère à l'austère cérémonie calviniste une splendeur rhétorique. Les sermons d'Henry Babel sont autant d'événements. Télévisés ou radiodiffusés, ils obtiennent un fort taux d'écoute. Et à chaque fois qu'il prêche du haut de la chaire de Calvin, la cathédrale Saint-Pierre est pleine. Une gestuelle impressionnante accompagne le flot de paroles de cet homme âgé, aux cheveux blancs comme neige, qui a publié d'intéressants ouvrages de théologie et de vulgarisation théologique. Sa paroisse, et plus encore la meilleure société genevoise tiennent Henry Babel pour un pape du calvinisme. Il reste quelque peu dubitatif sur les thèses de Max Weber qui soutient que le capitalisme est issu du génie de l'éthique protestante :

« Je suis pasteur et je m'occupe de quelques œuvres de bienfaisance qui, sans les dons de gens fortunés, ne pourraient assumer leurs tâches. Mais on exagère beaucoup, il y a longtemps que Genève, place financière, n'est plus aussi importante que Zurich. Les calvinistes n'étaient pas des banquiers : ce qui a fait la richesse de Genève, c'est l'éloge de l'épargne que prônait Calvin et sa lutte contre les distractions inutiles. Il fit travailler les gens et supprima de nombreuses fêtes et jours fériés, ce qui a été économiquement payant. Doit-on le regretter ? On a dit de Jean Calvin qu'il était le père du capitalisme alors qu'il ne connaissait même pas cette notion. On le confond avec ses successeurs et un courant britannique, le puritanisme. Voici ce que Calvin a vraiment dit : celui qui travaille et qui renonce à jouir des fruits de son labeur a droit à une récompense. C'est ainsi qu'il a justifié le principe de l'intérêt. »

On ne peut guère décrire plus brièvement, ni de manière plus concise, le long chemin de la Suisse vers la prospérité, qui n'était pas voulue de Dieu, et sa relation à l'argent et au travail.

Ce qui tient tout spécialement à cœur au pasteur Babel, c'est le souvenir d'Henri Dunant à qui le monde doit la Croix-Rouge. Il l'a fondée au cours des années optimistes et généreuses d'expansion économique de la Confédération moderne. Dunant personnifie, comme aucune autre institution, cette charité qui fleurit dans l'ombre du capitalisme calviniste et la pratique des «bons offices», de la médiation ou de l'aide humanitaire auxquelles se limitait la politique extérieure d'une Suisse devenue neutre. Si fier que le pays soit et puisse être de cette organisation basée à Genève, dont l'emblème ressemble à s'y méprendre au drapeau suisse, son fondateur n'a nullement été élevé au rang de héros national. Il passait – ce que les Suisses ne sont guère – pour un rêveur et un idéaliste qui ne connaissait rien à la gestion de l'argent. Pire encore : il a laissé des dettes. Par sa faillite professionnelle, il a causé des millions de pertes. Cela, on l'a oublié depuis longtemps, mais pas pardonné. Le modeste monument Dunant, élevé dans le parc de l'Université de Genève, c'est Babel à lui seul qui l'a financé, sans le soutien des politiques.

Dans son inventaire des plus grosses fortunes du pays, le magazine économique *Bilan* évalue chaque fois en centaines de millions, voir en milliards, la part des copropriétaires de banques. Ces chiffres sont démentis à l'occasion, mais jamais corrigés. Et contrairement aux autres cantons où il est relativement facile de prendre connaissance des revenus imposables (du voisin), un secret fiscal absolu règne dans la République la plus calviniste de Suisse. Les banquiers, dont la discrétion est le premier commandement, ne parlent pas non plus de leur propre argent. Leurs fortunes sont sans doute un peu plus petites que celles des gros industriels du pays, mais ils gagnent davantage que les directeurs généraux des grandes banques (et leurs collaborateurs sont aussi mieux payés, souvent avec une participation aux bénéfices). De plus, les banques privées protestantes genevoises ne sont pas des «sociétés par actions» – que l'on appelle, de manière très parlante, «société anonyme» (SA) en français. Conformément au credo calviniste, qui ne connaît ni la confession, ni la pénitence, les associés assument les responsabilités de ce qu'ils font ou ne font pas. Mais ils sont tenus de boucher eux-mêmes les trous éventuels – les privés de Genève travaillent comme banquiers à responsabilité illimitée. L'argent est leur affaire, leurs pensées sont à Dieu et leur silence est d'or.

On trouve les plus belles descriptions de leur quotidien entre péché et esprit d'économie dans les chroniques de l'écrivain d'origine grecque Georges Haldas qui, dans ses jeunes années, travaillait comme précepteur à Genève :

«Ils étaient d'inénarrables picoreurs de salades et de légumes. Le père, un banquier privé fortuné, ne consommait qu'une maigre soupe et deux tomates farcies, une troisième eût été synonyme de gloutonnerie. Lorsque je disais à mon élève que ça n'avait guère été copieux, cela le faisait rire : pas de souci, papa ne se rend pas à la banque, mais dans une brasserie où il va s'envoyer une entrecôte bien épaisse. J'ai vécu des tas d'histoires semblables.»

Entre-temps, les intéressés eux-mêmes ont fait circuler les meilleures anecdotes, si bien qu'il est devenu difficile de distinguer entre canular et réalité. Pour Georges Haldas, le banquier reste un être avare, coincé et bourré de sentiments de culpabilité.

«Il est tout à fait capable d'entretenir une danseuse ou de commettre des sottises amusantes. Mais toujours secrètement, en cachette. L'équilibre général ne doit pas être perturbé. J'ai partagé beaucoup de repas avec des banquiers, je les connais bien. Pour eux, la sexualité est un péché ; ils racontent des histoires incroyables selon lesquelles ils en sont tous possédés, les femmes comme les hommes. Mais leur appartenance tant théologique qu'idéologique s'oppose immédiatement à tout mouvement d'instinct. Au cours de l'histoire, ils se sont habitués à ne céder à aucun désir qui aurait pu les compromettre. Ils ont l'argent susceptible de leur offrir tous les plaisirs terrestres, mais ils ne jouissent de rien, pas même de l'argent. Ce qui les intéresse, c'est l'usage qu'on en fait et le pouvoir qui en découle. Conscients de leur devoir et vertueux comme ils sont, ils n'aiment pas l'argent, ils le respectent, Si l'on veut se faire une image de leur vie, il faut se représenter le contraire d'un film de Fellini. Ils répriment et refoulent leurs vœux. Pour compenser cela, ils entassent de l'argent qu'ils cachent. Ils n'en parlent pas.

Et plus on en amasse, plus on se sent moralement obligé de faire la charité.»

Des années durant, l'écrivain Hugo Loetscher s'est occupé de promouvoir la culture dans une grande banque qui décernait régulièrement des prix. «Je ne connais, dit-il, aucun directeur de banque, à Zurich, qui dispose d'un chauffeur. Le Suisse capitaliste ne se déplace pas en Mercedes, mais il prend son billet de tram. Peut-être même qu'il se rendra à pied jusqu'à la station suivante, si cela lui coûte moins cher.»

Dans la littérature suisse, on aborde très rarement le thème de l'argent. Le catholique Loetscher l'explique par le fait qu'il est «beaucoup plus difficile de critiquer et de représenter une introversion coincée et les vertus ambivalentes de l'épargne» que la prodigalité, la vantardise, l'âpreté au gain et la spéculation. Cette littérature suisse est sous une influence calviniste à peine moindre que les banques : l'argent, on n'en parle pas et on n'écrit rien sur lui.

Il faut en tout cas remonter loin dans la littérature helvétique pour trouver un roman – que beaucoup considèrent en outre comme raté – où l'argent joue le rôle principal, où il est le vrai moteur de l'action : il s'agit de *Martin Salander*, une œuvre de vieillesse de Gottfried Keller.

Son dernier roman, Keller l'a écrit dans les années 1880. La Suisse venait de traverser la période qui fit d'elle un Etat moderne et industrialisé. Au milieu du siècle, elle était devenue un pays progressiste et ouvert. L'écrivain Georg Büchner et le compositeur Richard Wagner n'y sont pas venus à cause du secret bancaire ou pour fuir le fisc, mais comme persécutés politiques. Le nouveau pays des libéraux, qui avaient remporté leurs succès en combinant libertés économiques et politiques, témoignait de convictions républicaines et d'une foi dans les idéaux démocratiques. Les progrès économiques, politiques, sociaux et culturels étaient pour eux liés. L'avènement des temps modernes avait fait naître beaucoup d'espoirs. Des écrivains comme Gottfried Keller, qui fut chancelier de Zurich, son canton d'origine, s'engagèrent pour une république à laquelle ils s'identifiaient et qui leur attribuait un rôle dans la construction de l'Etat.

Mais l'euphorie ne dura pas. Keller, dans sa première version de son chef-d'œuvre, *Henri le Vert*, avait qualifié d'exemplaire l'ordre bourgeois-républicain, mais son roman de vieillesse, *Martin Salander*, respire scepticisme, amertume et déceptions. Les prophètes et profiteurs de la «nouvelle époque» se sont révélés de minables affairistes, des carriéristes qui choisissaient au hasard le parti auquel adhérer. Très vite, les antagonismes de classe sont devenus beaucoup plus marqués, les intérêts matériels ont déterminé la politique et ruiné l'harmonie sociale. La bourgeoisie montante a réduit ses idéaux libéraux de 1848 à la dimension économique. Gottfried Keller voit en fin de vie sa chère patrie déchoir en une Suisse SA.

Ce roman, s'il est en effet quelque peu bancal, reflète pourtant bien l'époque à laquelle il est paru, par ses failles mêmes, et relie par son thème principal, l'argent, des éléments touchant à la corruption politique, voire sexuelle. Le personnage principal est un déraciné. Après le décès de ses parents, Martin Salander abandonne son métier et, avec le produit de la vente de la propriété dont il avait hérité (une fortune qu'il n'avait donc pas gagnée par son propre labeur), il entame une vie d'homme d'affaires. En même temps, il se porte garant de son collègue Louis Wohlwend – bien qu'il sache pertinemment que ce dernier est une crapule qui, à l'école déjà, avait constamment profité de lui – pour la demande d'un prêt. Salander ne veut pas faire de bénéfice personnel; c'est juste pour rendre service qu'il donne sa signature comme caution. Il perd tout, même la fortune de sa femme, qui n'échappe pas à la honte d'une banqueroute. Marie Salander redoutait que son époux fît faillite – alors que l'escroc Louis Wohlwend profitait de lui. Salander s'expatrie ensuite pour sept ans au Brésil où il prend en charge trois douzaines de comptes en réaux brésiliens. Via la Banque de la Rive atlantique, il les fait transférer dans un établissement de son pays natal, le Xaverius Schadenmüller & Co. A son retour, Salander s'aperçoit que, pour la seconde fois, il a été victime de Louis Wohlwend à qui appartient cette banque.

En critiquant le progrès que l'argent accélère et corrompt, Keller se fonde sur des événements qu'il a observés. Mais en même temps – et c'est ce qui fait de ce roman un ouvrage unique dans la littérature suisse – l'argent, au-delà de la critique sociale et de la peinture de mœurs réaliste, gagne en puissance diabolique. Il constitue le thème principal de l'histoire, et marque les personnages. Tous les traits de caractère lui sont subordonnés. L'argent gouverne, même en littérature. Il est le critère qui, parmi les gens, distingue les « bons » des « mauvais » et confère à la vie sa perversité. Si important que soit l'argent, son mécanisme n'est mis en évidence qu'avec des antihéros.

A ce point de vue, le comportement de la Suisse devient plus clair. L'argent est tabou, et le fait de l'amasser est surtout l'apanage du méchant, couvert par un silence pudique ou au contraire rendu emblématique ; l'exagération confine alors au grotesque. Mais il n'en reste pas moins qu'un homme comme il faut doit avoir de la galette. Pas forcément beaucoup. Quant à la pauvreté, elle n'est digne que si on la tait.

Les escroqueries de Louis Wohlwend, dont a été victime Martin Salander, illustrent le système bancaire de la seconde moitié du 19e siècle. Il montre des côtés archaïques, quand les relations internationales étaient peu développées. En Suisse même, on comptait plus de trente banques d'émission, dont les billets ne jouissaient pas d'une grande confiance, et qui n'étaient pas en mesure non plus de développer une politique économique et monétaire commune. La Confédération était membre de l'Union monétaire latine, de sorte que de nombreuses pièces de monnaie étrangères avaient cours et se trouvaient acceptées comme moyen de paiement. Les banques helvétiques n'étaient pas en mesure de participer au commerce des devises. Les échanges internationaux – et la circulation des capitaux qui en était le corollaire – se développèrent vertigineusement. Mais au début du 20e siècle, pour ses paiements à l'étranger, la Suisse devait encore se procurer la plupart des devises dont elle avait besoin auprès des grandes places financières comme Paris.

La Banque nationale fut fondée en 1907, harmonisant ainsi le chaotique système monétaire suisse. Dans la tempête des turbulences financières déclenchées par la Première Guerre mondiale, le franc suisse fut une des rares monnaies à pouvoir résister. Il devint intéressant comme valeur refuge, ce qui attira des capitaux en Helvétie. C'est ainsi qu'au milieu de l'horreur des champs de bataille européens la place financière suisse prit son essor. Lorsque, dans les années 1930, de nombreux pays introduisirent la réglementation des devises, cette place acquit une importance accrue. Le secret bancaire fut instauré en 1934, une année après que Hitler eut pris le pouvoir, avec la condition expresse que les valeurs en capital étranger échappent à l'Etat dont il provenait – ce secret peut donc se réclamer d'une origine et d'une tradition antitotalitaires.

Grâce à ces réformes, les Helvètes ont fait de leur pays un paradis bancaire – juste après avoir interdit les casinos, et avec eux tous les jeux de hasard. En conséquence, les casinos se sont mis à prospérer autour des frontières de la Suisse. Ils sont tous parmi les plus importants de leur pays : en France, Evian et Divonne au bord du Léman, où les clients des banquiers privés calvinistes peuvent jouer leurs bénéfices et s'adonner à d'autres divertissements, en Allemagne, Baden-Baden et Constance, puis les petites cités autrichiennes au bord du lac de Constance, et naturellement l'enclave italienne de Campione. Leur luxe tapageur et leur charme décadent ont marqué la géographie des nostalgies helvétiques, lorsque la Suisse était encore un pays aux mœurs sévères. Déjà en temps de paix, franchir les frontières était considéré comme dangereux.

Au cours de la Seconde Guerre mondiale, des échanges commerciaux purent continuer à s'opérer en Suisse. Les frontières restèrent perméables aux flux de capitaux, alors qu'elles furent hermétiquement closes aux personnes – surtout à celles dont le passeport contenait l'abominable tampon « J » – et défendues par des régiments helvétiques. Le Vaudois Henri Guisan, qui avait été nommé général, réunit les hauts responsables de l'armée suisse au Grütli, là où des délégués des cantons primitifs avaient prêté serment en 1291 et, par un pacte protégeant jalousement leurs libertés de montagnards, posé la première pierre de l'Etat hérisson suisse. Guisan affirma la volonté de la nation multiculturelle de se défendre contre la menace brune et dévoila la stratégie de défense militaire : au pire, le Plateau serait abandonné et seul le Réduit dans les Alpes résisterait. Cinq ans durant, les soldats suisses ont été postés aux frontières et ont accompli leur « service actif » soit en faisant confiance aux convictions libérales de leur gouvernement, soit par amour pour leur pays ou au pire sous la contrainte. Mais avec une grande conscience du devoir.

Il y a quelques années, bien avant les attaques américaines contre la Suisse, Alfred A. Häsler (*La barque est pleine*) et Werner Rings (*L'or des nazis*) ont stigmatisé la politique des réfugiés, peu généreuse, et le commerce de l'or avec Hitler et l'Allemagne. Le journaliste allemand Rings, qui a longtemps vécu en Suisse et qui en a aussi obtenu la nationalité, a montré comment l'or dérobé par les nazis atterrissait dans des coffres helvétiques. L'écrivain Hugo Loetscher a parlé « d'une manière très suisse de profiter de la guerre – sans la faire ».

Si l'opération Tannenbaum – l'invasion de la Suisse par les troupes hitlériennes – n'a pas eu lieu, cela n'a peut-être pas seulement tenu, a-t-on insinué, à la force de dissuasion de l'armée helvétique, mais aussi à la dépendance de la Banque du Reich à l'égard de la place financière. Mais le fait précis d'empêcher l'occupation nazie était-il un objectif délibéré de la politique fédérale sur l'argent et l'or pendant la guerre, ou seulement sa conséquence ?

Depuis quelques années, la coresponsabilité des Etats, qui n'ont pas empêché Hitler et ses atrocités, fait l'objet de discussions intenses et accusatrices. Après 1945, l'Autriche a exclusivement joué le rôle de la victime, et la France a refoulé sa collaboration – soutenue par un vaste éventail politique – derrière le mythe transfiguré de la Résistance, symbolisant le creuset de la société de l'après-guerre. Assumer cette hypocrisie relevait d'un processus douloureux que la politique marqua de son empreinte et qui détermina l'attitude face à l'Europe. On ne peut comparer le rôle de la Suisse pendant la guerre à celui de ces deux pays voisins, mais, après 1945, ces refoulements collectifs ont régné ici aussi. Ils étaient d'autant plus tenaces que la Suisse officielle s'identifiait à une image flatteuse et que, longtemps encore après la fin de la guerre, elle semblait vivre de son mythe du Grütli et dans un Réduit tant intellectuel que politique. Les véritables héros suisses de la résistance contre la barbarie – le fonctionnaire de police saint-gallois Paul Grüninger, le journaliste Peter Surava, voire Maurice Bavaud qui tenta d'assassiner Hitler – n'ont pu être réhabilités qu'après de fortes oppositions, et souvent en conflit avec diverses autorités. Chaque fois que des écrivains et des journalistes, un Niklaus Meienberg, un Stefan Keller, le rappelaient, les journaux sonnaient l'alarme : la Suisse, qui persistait dans son *Sommeil du juste* – selon le titre d'un livre écrit par l'historien et conseiller fédéral vaudois Georges-André Chevallaz – rendit la vie difficile à ses vrais justes. Subversion il y avait aussi à évoquer le souvenir même des «traîtres à la patrie» qui, faisant office de boucs émissaires pendant la guerre, furent exécutés pour démontrer que, peut-être, cette volonté de défense n'était pas aussi unanime que ça. Les premiers et brillants reportages que Meienberg leur a consacrés causèrent un énorme scandale.

On peut voir toute la culture suisse de l'après-guerre comme un processus de démythification et la recherche d'une vérité refoulée. Cinéma et littérature s'en sont pris aux vaches sacrées, jusqu'à l'armée. Des intellectuels critiques ont été taxés de vilains garnements et, jusqu'à récemment, invectivés parce qu'ils cherhaient à «changer le système» – le pire reproche qui, à l'époque de la Guerre froide, puisse toucher quelqu'un dans ce pays-ci. Critiquer la situation faisait du tort à la crédibilité. Une place financière profite de conditions politiques stables et de la neutralité politique. Des manifestations, des troubles, des révoltes peuvent compromettre le déroulement sans problème des transactions. Le secret bancaire s'est révélé un facteur d'ordre social – un tabou à l'origine de nombreux mythes et légendes qui ont fleuri encore plus à l'étranger qu'ici. Hugo Loetscher, le plus cosmopolite des écrivains suisses contemporains, résume ainsi ce qu'il a appris de ses voyages : «Autrefois, c'est-à-dire il y a à peine un quart de siècle, les gens d'Amérique du Sud, quand ils se représentaient notre pays, pensaient à la paix, à la Croix-Rouge et au chocolat. Aux Alpes aussi. Ils s'imaginent aujourd'hui que chacun de nous possède une banque et que nous sommes tous des profiteurs sans scrupules. C'est une image que je cherche à corriger. Je dis alors qu'en Suisse il y a beaucoup de gens qui ont une relation critique à leur pays ; mais, à mon plus grand étonnement, je commence toujours par parler de la culture suisse. Car on met tout en rapport avec notre pays, sauf sa culture. »

Mais on imprime celle-ci, avec une audace remarquable, sur les billets de banque du pays. Alors que notre mère Helvetia trône pour sa part sur les pièces de monnaie, les portraits de Gottfried Keller, C. J. Burckhardt, C. F. Ramuz, Alberto Giacometti, Arthur Honegger, Le Corbusier figurent sur les billets – aucun homme politique ; de toute façon, le pays n'a pas produit beaucoup d'hommes d'Etat. On n'a toutefois pas craint d'honorer, sur le billet de mille francs, Auguste Forel, psychiatre et spécialiste des fourmis. Trois fourmis de sa collection sont reproduites au verso : une reine, une soldate et une ouvrière. Forel fut un farouche antialcoolique et un partisan de l'eugénisme. Il considérait l'Etat fourmi comme une forme idéale d'organisation sociale. Mort en 1931, il a laissé ses marques dans la psychiatrie et dans l'idée que se faisait d'elle-même la Suisse des années trente et quarante, mais il serait exagéré de voir en lui l'« idéologue en chef » occulte du pays. Son portrait, susceptible pour le moins de suggérer cette interprétation, n'est apparu sur ce billet que très longtemps après la guerre.

Il est interdit de reproduire ces billets de banque. Il ne faut pas les photocopier. Lorsque la presse transgresse cette règle, la Banque nationale intervient. Elle se réfère, dans le cadre de sa lutte contre la fausse monnaie, à la propriété intellectuelle – seule la valeur en argent du billet appartient à son détenteur. Avant d'être en fleur, le solide franc suisse doit, avec le secret bancaire, protéger encore le droit d'auteur…

LA TENTATION DE L'OR

Dans la littérature suisse, il y a beaucoup de misère sociale et plus de pauvres que de riches. Ses histoires d'argent et d'or ne finissent jamais bien. Dans son roman intitulé précisément *L'Or*, Blaise Cendrars décrivait, un siècle après celui de Keller, la vie authentique de l'aventurier et général Jean-Auguste Suter. Celui-ci avait fait faillite en Suisse. Recherché par la police, il quitta le pays et sa famille. Au Nouveau Monde, Suter amassa une fortune gigantesque. Mais il fut victime de la ruée vers l'or qui venait de se déclencher et qui, telle une catastrophe naturelle, s'abattit sur sa «Nouvelle Helvétie». Son entourage, que le métal précieux avait réuni, abandonna sa propriété, le bétail creva de faim, la récolte pourrit – et le général suisse se retrouva ruiné, victime de l'or et de la cupidité des gens. Le roman de Blaise Cendrars n'est pas une histoire moralisante, de crime et de châtiment, mais plutôt une parabole sur la Suisse – trop petite, trop étroite, trop bornée et surtout trop dépourvue d'imagination aux yeux du génial écrivain. Au pays, on thésaurise l'argent et l'or, mais avec une gêne secrète – leur fascination et leur séduction brillent ailleurs.

Si l'on fait exception du roman *Martin Salander* et de la pièce de Dürrenmatt, *La Visite de la vieille dame*, métaphore sur la collaboration, il est donc bien vrai que les écrivains suisses ont consacré peu d'ouvrages à l'influence que peut avoir l'argent sur la société et les individus. Comme si le secret bancaire, en se nichant aussi dans les têtes, avait paralysé la plume des auteurs. Jean Ziegler, qui combat vivement ce secret sans beaucoup de nuances, est devenu le plus célèbre des intellectuels suisses. Il l'était peut-être déjà du vivant de Max Frisch et de Friedrich Dürrenmatt. Un livre sur les banques – *Une Suisse au-dessus de tout soupçon* – a fait son succès international. Il est paru en France en 1976, où tous les sondages et commentateurs annonçaient, en vue des élections législatives de 1978, une victoire du nouveau Front populaire conclu entre socialistes et communistes, qui avaient pour programme politique l'abolition du capitalisme. L'écho suscité par l'essai sociologique de Jean Ziegler fut d'abord discret. Puis ce livre, écrit à la manière d'un roman policier aux sous-titres tels que *Banquiers et bandits* et *Une nation de receleurs*, devint progressivement un best-seller traduit dans toutes les grandes langues. Son côté «lutte des classes» correspondait à l'idéologie marxiste qui régnait alors; mais, dans ce succès phénoménal, se manifestaient aussi beaucoup de méchanceté et le ressentiment du monde contre le petit pays qui avait été épargné et offrait ses coffres-forts aux nouveaux dictateurs. C'est Che Guevara en personne, lors d'une visite à Genève, qui avait conseillé à Jean Ziegler de mener le combat non pas en Amérique latine avec un fusil, mais à la maison : « Tu te trouves, avait-il déclaré, dans le cerveau du monstre. »

« Tel un chancre, les banques envahissent la cité du Rhône, écrit Ziegler, autorisées à aménager des chambres fortes jusqu'à cinq étages sous terre et mettant ainsi en danger des rangées entières d'habitations. » Il décrit aussi le « caractère sacramentel » du rituel calviniste en ces termes : « Garder l'argent, l'accueillir, le compter, thésauriser, spéculer, receler sont des activités qui, depuis le temps du premier refuge, sont investies d'une majesté quasi ontologique. Aucune parole ne doit venir souiller une activité aussi noble. Elle s'accomplit dans le recueillement, dans le silence. » Le « caractère sacré de l'activité bancaire » se reflète dans l'architecture des établissements : « temples somptueux à colonnades de marbre pour les grandes banques d'affaires, petites chapelles discrètes à boiseries sombres pour les banques privées et les gérants de fortunes. Quiconque commet le péché de trop parler les désacralise. Un tel sacrilège est puni par la loi. Ce silence et ce recueillement ont, dans la théorie calviniste de la thésaurisation sacrée, un corollaire. Le banquier […] assume sa fonction de gardien intransigeant de la morale : face à ce monde de méchants, de mécréants, son silence protège la vertu. Seul l'honnête homme profite du secret bancaire. Le secret est la récompense de son honnêteté. Dépositaire et gardien vigilant de la morale chrétienne, le banquier genevois n'accepte en principe comme débiteur ou créancier qu'un homme dont la vertu lui est connue ; en principe, il ne fait d'opérations qu'à l'intérieur du champ défini par les préceptes de l'Eglise et la loi des Etats. »

Mais, pour Ziegler, cet idéal a naturellement été perverti : « Cet échec a d'abord une cause théorique. La doctrine calviniste de la thésaurisation comme valeur en soi implique la reconnaissance de l'existence sous-humaine et de l'exploitation de millions d'êtres à la périphérie, sinon comme valeur, du moins comme une inéluctable nécessité historique. Une telle contradiction annule à l'évidence l'enseignement égalitaire de l'Evangile, la foi et ses commandements que le banquier prétend servir par l'institution du secret. L'échec a, en deuxième lieu, une cause pratique : c'est précisément le secret qui incite le banquier à faire le contraire de ce qu'il prétend faire. »

Les fortunes dont on a perdu la trace depuis la guerre, Ziegler n'y fait allusion que tout à fait marginalement dans son acte d'accusation. Il les mentionne dans une longue liste de scandales – entre l'achat d'une banque et la faillite frauduleuse du confident d'un dictateur latino-américain et les discussions sur le «trésor du FLN», le Front de libération algérien, dont l'Algérie réclamait la restitution après l'indépendance. La vingtaine de lignes consacrées à ce sujet illustrent le niveau de connaissance et de conscience de l'époque : à la fin des années 1970, y lit-on, «des familles juives, par centaines, essaient de récupérer quelques-unes des énormes sommes déposées dans des banques helvétiques par des entreprises, des communautés et des particuliers juifs au moment de la montée du national-socialisme. Les banques qui avaient ces fonds en dépôt ont finalement été invitées par la Confédération à déclarer volontairement – admirable vertu calviniste – les fonds "sans créanciers connus". Les banques ont eu ainsi le choix entre… garder les fonds ou bien les déclarer – la Confédération n'ayant aucun moyen de faire respecter sa loi de restitution ! Un arrêté fédéral de septembre 1974 clôt le dossier (…). Deux millions de francs (sur les centaines de millions déposés) étaient à distribuer. Les œuvres juives, la Croix-Rouge et l'Office d'aide aux réfugiés se partagèrent la somme. »

En Suisse, pour les banques et l'establishment économique, Ziegler est devenu une contrariété permanente, mais il est aussi resté suspect aux yeux des camarades et des intellectuels critiques. Ailleurs qu'à Genève, la carrière universitaire et politique de Ziegler n'aurait pas été pensable ; de même qu'à la tradition de gauche du canton, ce sociologue suisse allemand a dû à l'ouverture d'esprit et à la tolérance cosmopolite du canton le fait que le peuple l'ait régulièrement élu au Conseil national, la Chambre basse du Parlement helvétique.

Jean Ziegler n'était bien sûr pas le seul à critiquer les banques, avec leurs comptes à numéros et les coffres-forts où repose l'argent de la drogue, de la mafia et d'autres capitaux en fuite – ceux de Marcos, Mobutu, Milosevic. Mais cette critique resta aussi inefficace que le travail effectué sur le passé suisse, qui n'a pu ni influencer la politique ni donner mauvaise conscience à personne. Relativement en paix, la Suisse dormait du sommeil du juste. Le grand scandale n'éclata que lorsqu'il fut question d'argent et du reproche que le monde entier faisait aux banques suisses d'être le paradis des blanchisseurs d'argent et de l'évasion fiscale – tout cela faisant court-circuit avec le sujet tabou du passé. En dernière instance, c'est en protégeant les personnes poursuivies à tort que la Suisse avait justifié le secret bancaire en se référant à sa tradition de l'asile. Mais cet alibi ne tenait pas : les banques et les assurances n'avaient pas protégé les victimes d'Hitler, elles les avaient au contraire dépouillées. Le reproche permanent de l'après-guerre, selon lequel les banques protégeraient les intérêts des dictateurs qui exploitent leurs peuples, parut confirmé d'effrayante façon. Mais c'était beaucoup plus grave : les Confédérés entretenaient d'étroites relations économiques avec lui et, s'il faut en croire Jean Ziegler, ils prolongèrent probablement, par les bons services rendus, la guerre elle-même. Et l'argent de ses morts augmenta les fonds secrets helvétiques. Les « gnomes de Zurich » discrédités étaient-ils les financiers des bourreaux – les dociles receleurs d'Hitler – et cela cachait-il, derrière le secret bancaire, le vrai « secret des banques » ?

Ce n'est pas la critique différenciée et d'une extrême retenue, cette recherche de la vérité conduite par des écrivains et des intellectuels, qui a changé le pays : le réveil, brutal, remonte en fait au jour où les juifs américains déposèrent leurs plaintes collectives, revendiquant des millions et menaçant de boycott. C'est seulement à partir de là que le gouvernement mit sur pied une commission internationale d'historiens, dotée de pouvoirs étendus et de moyens financiers importants, sous la direction de Jean-François Bergier. Et on envoya directement au front, aux Etats-Unis, une « task force » dirigée par le futur ambassadeur de

Suisse en Allemagne, Thomas Borer – cas unique dans l'histoire de la diplomatie fédérale.

Les assurances vie dont les titulaires ou bénéficiaires avaient péri dans les camps de concentration ne furent jamais payées, les fonds et les comptes restés « sans nouvelles » furent retenus. Des entreprises suisses de l'étranger avaient profité du travail forcé. Des tableaux, dont on avait dépossédé les juifs qui en étaient les propriétaires, ont abouti dans les magnifiques collections d'art des gros industriels suisses.

Mais c'est bien l'or qui reste le symbole de la chute. L'or des nazis, pas celui qu'ont volé des personnes privées et des entreprises sans scrupules, mais celui que la Banque nationale a acheté à bon prix aux Allemands. Dans tous les pays que les nazis ont occupés, ils ont pillé les banques centrales. L'or était la meilleure devise, et tout l'or volé d'Hitler vint en Suisse pour s'y faire blanchir. Jean Ziegler a aussi écrit un livre là-dessus, intitulé *La Suisse, l'or et les morts*.

« Les Allemands payaient en francs suisses les matières premières dont ils avaient besoin : le tungstène au Portugal, le pétrole en Roumanie, le minerai en Suède. Le mark du Reich n'étant pas convertible, il fallait ces devises à Hitler. Les Banques nationales espagnole et portugaise réinjectèrent cet argent dans le trafic international des paiements, et elles reçurent en échange de l'or suisse – en fait de l'or volé en Allemagne. Tout le monde sait que le bunker d'or de Berne, sous le Palais fédéral, existe toujours. Deux ou trois fois par semaine, des convois transportant l'or dérobé en Allemagne franchissaient la frontière près de Bâle. L'argent des juifs éliminés fut soit directement expédié en Suisse, soit préalablement refondu en pièces de monnaie prussiennes pourvues de sceaux d'avant-guerre. »

La place financière suisse était encore composée avant tout de banques privées qui s'occupaient de gestion de fortune et qui garantissaient une haute sécurité. A l'époque, il n'existait guère de relations financières avec les Etats-Unis, ce qui amena un afflux de fonds en Suisse, souvent déposés en personne. La richesse et la prospérité de la Suisse remontent à l'époque de la Seconde Guerre mondiale. Le franc suisse accéda définitivement

au rang de devise mondiale. Grâce à l'active politique de collaboration, il y avait, au milieu d'une Europe largement détruite,
une région industrielle intacte qui bénéficiait d'une avance
incroyable. En plus, voilà que ce pays très pauvre disposait soudain d'un excès de capitaux prêts à être investis. Pendant la
guerre et grâce à elle, différentes entreprises de moindre importance ont réussi le saut quantitatif pour devenir des trusts mon-
diaux. Car elles avaient à l'époque une position de monopole et
pouvaient exiger des Allemands des prix élevés. Comme l'écrit
Ziegler, « Hitler était le client dont rêve toute banque : riche, puissant et fidèle. Inutile pour lui d'en chercher une autre ».

Mais la Suisse n'était pas encore le numéro un dans le commerce international de l'or. Elle le devint lorsque, dans le monde
entier, la génération contestataire descendit dans la rue. La
révolte des étudiants de mai 1968, on l'a entre-temps expliquée
par le passé étouffé de la guerre, comme étape du processus de la
victoire. Le refoulé refaisait surface, les fils reprochaient aux
pères leur comportement et leur silence ultérieurs. «Nous sommes tous des juifs allemands», criaient les étudiants du haut des
barricades à Paris. «Il faut étouffer le mal dans l'œuf», exigeait
la *Neue Zürcher Zeitung* qui redoutait un retour de la barbarie.
Deux semaines durant, pendant les troubles, le commerce de l'or
fut suspendu à Londres, et les Suisses réussirent à devancer les
Anglais. C'est en 1968 que les grandes banques helvétiques fondèrent le «pool zurichois de l'or». La Confédération assuma
ainsi un rôle de premier plan comme plaque tournante pour le
commerce du noble métal. Les banques purent même consolider
encore leur position. Ce que prouve la statistique dont Willi
Ritschard – alors ministre de l'Economie et des Finances – interdit la publication en 1981, sous la pression de l'Union soviétique,
de l'Amérique du Sud et des banques suisses. La comparaison
des chiffres internationaux permet de conclure que la Suisse,
dans les années 1980, acheta les deux tiers de la production mondiale d'or pour les transformer, dans ses diverses fonderies d'or,
en lingots «neutres». En 1986, elle a importé 1191 tonnes d'or et
en a exporté 914 tonnes, plus que jamais auparavant. S'y ajoute
en outre le commerce des pièces d'or, d'environ 50 tonnes.

A cause du bannissement politique toujours plus dur du régime d'apartheid en Afrique du Sud, le commerce en Krügerrands or fut drastiquement réduit. On les refondit simplement en lingots, dont 32 font exactement un kilo. Le rand or disparut quasiment, mais le commerce de l'or sud-africain continua de prospérer. En contournant les sanctions internationales, par sa collaboration économique, la Suisse a protégé le régime et prolongé sa survie – et celle de l'apartheid. A l'époque, une campagne de publicité pour l'or, extrêmement coûteuse et anonyme, a circulé pendant des années; elle ne devait nullement pousser à l'achat, fût-ce de bijoux. Ce n'est pas les grandes banques suisses qui ont financé les annonces et les spots publicitaires, mais l'agence sud-africaine Intergold.

Le secret bancaire devint un instrument, et l'or, la matière première – pas seulement symbolique – du miracle et du conte de fées helvétiques sur la prospérité et la chance d'avoir été épargnés. Mais il arriva que non seulement le prix du métal noble baissât, mais aussi son importance. Le franc fort de la petite Suisse, devenu en deux guerres mondiales l'une des monnaies les plus recherchées du monde, avait acquis entre-temps une telle vigueur qu'il pouvait se passer des réserves d'or de couverture. Pour assurer la stabilité internationale de l'argent, on ne se servait plus du métal noble, dont le prix ne montait plus, même en temps de crise. L'attentat du World Trade Center a certes fait un peu monter le cours de l'or, mais juste passagèrement et dans une mesure peu importante. L'or n'est pas devenu une valeur refuge; des banques centrales ont même commencé à s'en défaire.

Les documents officiels de la Confédération font aussi état de «réserves d'or excédentaires». Arnold Koller, alors président de la Confédération, s'est exprimé un peu plus élégamment, lorsque, dans un discours tenu le 5 mars 1997 devant le Parlement, il proposa la création d'une fondation de solidarité: «Depuis plusieurs mois, la Suisse est l'objet de violentes critiques internationales, dit-il en préambule. Sans que rien l'ait laissé prévoir, elle s'est vue accablée d'une pluie de reproches, de réclamations, de soupçons et de jugements entier concernant son attitude au cours de la Seconde Guerre mondiale… Nous sommes taxés de malhonnêteté, d'obstination et de présomption. Or ces critiques portent atteinte à l'image de notre pays : elles éveillent l'impression… que la Suisse a joué le rôle d'un profiteur de guerre et que, durant cinquante ans, ses banques ont essayé de conserver les biens des victimes de l'Holocauste pour leur propre bénéfice. Apparaît en filigrane l'idée que la prospérité de la Suisse repose au fond sur le recel de ces biens et ne s'est faite qu'au détriment d'autrui. »

Dans son allocution, Koller dessina une image nuancée de ce passé, jugeant « nécessaire [d'y] faire face dans un esprit d'humilité, de respect mutuel et d'objectivité ». « La volonté de rechercher la vérité est à la base même de notre démarche… La vraie réponse à l'analyse politique et morale de notre passé est la solidarité. »

C'est pourquoi Koller proposa, au nom de l'Assemblée fédérale et « en accord avec la Banque nationale », la création d'une fondation : « Elle doit être financée par le produit de la gestion de cette partie des avoirs en or de la Banque nationale qui sera disponible pour d'autres affectations publiques après une réforme normative nécessaire en matière financière et monétaire. On peut envisager, pour cette Fondation, une fortune d'un ordre de grandeur de sept milliards de francs. » Koller parla d'actions dans le pays et à l'étranger, d'une aide en faveur des « victimes de la pauvreté, de catastrophes, de génocides et d'autres graves violations des droits de l'homme, et bien entendu les victimes de l'Holocauste ou de la Shoa ». Le président de la Confédération savait que la réalisation de son idée prendrait beaucoup de temps et qu'elle se heurterait à de grosses résistances. Expressément désignée comme un acte rappelant les souffrances des victimes du fascisme, Koller présenta la fondation, fruit d'une « véritable conviction, en tant qu'acte de volonté d'un pays sûr de lui ».

Malgré la grandeur du geste, le fumet de l'« or excédentaire » et de la pénitence tardive est resté accroché à la Fondation Suisse solidaire. La valeur matérielle n'est certes pas moins élevée que la portée symbolique ; mais on garde l'impression d'un sacrifice de l'or, qui ne coûte pas cher, pour se délivrer d'une faute. Une faute, que l'on ne peut plus vraiment s'avouer, est rachetée par de l'argent qui ne pue pas, et par de l'or qui a beaucoup perdu de son brillant de l'époque hitlérienne, comme si des receleurs dociles bradaient les lingots stockés, sans que personne n'ait à souffrir d'un manque.

Le trafic des indulgences de l'Eglise catholique a conduit à la Réformation et à la séparation des puristes calvinistes. Un demi-millénaire après, les Suisses harcelés tentent de se racheter de la malédiction du passé, qui les a frappés, avec une partie du stock d'or devenu entre-temps «excédentaire». Mais l'histoire ne fournit aucune réassurance. Et les Suisses ne veulent pas s'impliquer dans la réponse politique à donner aux catastrophes nationalistes et idéologiques du siècle.

La critique à l'endroit de la Fondation Suisse solidaire, qui aurait pu offrir au monde une intervention humanitaire comparable à celle de la Croix-Rouge, et l'opposition politique contre elle ont montré que la mauvaise conscience pesait déjà un petit peu moins sur la Suisse. La volonté d'adhérer à l'Union européenne ne s'est pas non plus révélée bien vive. Le rejet de l'Espace économique européen a été confirmé par le vote massif du 4 mars 2001 contre l'initiative «Oui à l'Europe», qui a rejeté l'adhésion – dans le meilleur des cas – pour des années. Cette décision populaire fut d'autant plus démocratique que les cantons europhiles de la Suisse occidentale votèrent alors en harmonie avec la majorité alémanique, et le fossé béant qui, depuis 1992 et justement sur cette question, avait dégénéré en deuxième grande crise des années 1990, semble soudain comblé.

Seuls les cyniques objecteront que l'œuvre de paix visée par l'intégration européenne doit hérisser les banques fédérales qui prônent tant des conditions stables dans le pays, car les turbulences dans le reste du monde leur rapportent nettement plus que là où règnent le calme et l'ordre. En effet, les commissions sur les opérations de change constituent toujours plus de dix pour cent de leurs bénéfices. L'euro va fortement limiter, dans les pays où il a cours, ce domaine des affaires bancaires. Son introduction a visiblement renforcé, en Suisse, l'opposition des banques à l'entrée dans l'Europe. Bénédict Hentsch, de la dynastie des banquiers dans les propriétés desquels séjournèrent Germaine de Staël et l'élite intellectuelle de son époque, était partisan de l'éveil libéral en Suisse et en direction de l'Europe. Depuis lors, il est passé dans le camp des adversaires. Après la votation de mars 2001, l'Association des banquiers privés genevois menaça le Parti libéral, qui avait plaidé en faveur du oui à l'Europe, de lui refuser à l'avenir son soutien financier : le secret bancaire, dit-elle, n'est «pas négociable». Bruxelles veut en effet que les autorités suisses et les banques collaborent avec le fisc des pays voisins. Un arrêt de la Cour européenne des droits de l'homme à Strasbourg a même entre-temps remis le secret bancaire en question : les autorités peuvent contraindre des citoyens, contre qui elles enquêtent, à leur remettre des pièces à conviction. Mais c'est là le revers de la médaille du secret bancaire – du moins pour les citoyens suisses qui sont punissables s'ils refusent que le fisc examine leurs relevés de comptes. Après les attentats du 11 septembre 2001, le secret bancaire essuya davantage encore le feu des critiques.

Dans les années 1990, les instituts financiers genevois ont pu comptabiliser chaque année de nouveaux bénéfices record. Mais la chute des cours de la Bourse les a durement touchés, et a entraîné les premiers licenciements. Plus du tiers de toutes les fortunes «off shore» de ce monde – celles qui ne sont pas placées dans le pays de leurs détenteurs – se trouvent encore placées en Suisse : il doit y en avoir pour 1300 milliards d'euros. Dont une partie est d'origine douteuse. Les experts de PriceWaterhouse ou de Goldman Sachs prédisent pour le moins aux banques helvétiques une croissance durable. Néanmoins le nombre des familles qui, sur des générations, avaient dissimulé de l'argent au fisc, recule ; les nouveaux super-riches, qui possèdent de cinq à cinquante millions de dollars, ont gagné leur argent eux-mêmes, à la Bourse la plupart du temps, avec des *stock options*. Leur richesse, qu'ils ont souvent acquise en peu de temps, est connue et étalée sans retenue dans les magazines économiques et les rubriques mondaines de la presse du cœur. Ils n'ont pas besoin du secret bancaire, la mentalité des calvinistes leur est étrangère, et ils placent leurs millions souvent dans leur pays. La gestion de fortune à long terme et orientée sur la sécurité les ennuie ; ils veulent davantage de rendement et sont prêts à prendre de grands risques.

L'obstination des banques (et de la politique) helvétiques à défendre désespérément le secret bancaire, dont elles minimisent en même temps l'importance (même pour le crime organisé), donne une bien curieuse impression. Il semble en effet qu'il s'agisse là d'une question de mentalité. La Suisse et ses banques vont-elles à nouveau se dérober à une prise de conscience d'une révolution mise en route depuis longtemps ? Quelle que soit l'influence à long terme de l'introduction de l'euro sur l'économie, la dépendance internationale des banques est grande, et la Suisse n'est pas un si petit pays qu'elle puisse se contenter du rôle d'un Monaco et d'une monoculture de l'argent. L'« albanisation », cet isolement idéologique dans un monde qui va de l'avant, menace-t-elle le pays ? « La Confédération est destinée à d'autres tâches qu'à celle consistant seulement à tenir les comptes des cheikhs allemands, américains et arabes. Elle peut être davantage qu'un hall à guichets de l'Occident. Elle a aussi – le mot peut choquer – « un devoir vis-à-vis de l'Europe », a écrit Klaus Harpprecht en 1987 dans l'annuaire de la Nouvelle Société helvétique. Ce devoir ne doit pas forcément consister en l'adhésion à l'Union européenne, mais le pays, ces dix dernières années, ne s'y est conformé d'aucune manière, préoccupé qu'il était surtout par lui-même. A la différence de 1939, lorsqu'elle s'organisa pour être épargnée, on doit regretter aujourd'hui que cette Suisse quadrilingue persévère dans sa passivité et qu'elle soit une fois de plus contrainte de s'adapter et de réagir à ce que d'autres ont mis en œuvre. L'euro est un grand projet historique – mais la Suisse n'y participe pas. Les frontières restent ouvertes, comme pendant la guerre, aux flux d'argent, de monnaies et de billets. L'euro submerge tranquillement le pays, où, changé, il devient la seconde devise. Au pire, il fait du franc suisse une monnaie refuge dans le pays même. Mais la fluctuante dualité des deux monnaies est déjà presque aussi familière aux Suisses que la dialectique quotidienne du dialecte et du bon allemand. Compter et calculer, convertir aussi (la monnaie), ils savent de toute façon mieux le faire que s'exprimer.

2

LE DIALOGUE INTERROMPU

Au commencement était Calvin – en littérature aussi. Après quelques manifestations culturelles sporadiques, on peut parler pour la région romande, et depuis la première moitié du 16e siècle, d'une véritable vie intellectuelle et littéraire. Jean Calvin, Français dissident pourchassé dans le pays catholique de ses origines, arriva par Bâle à Genève, dont il fit le centre de la Réformation francophone. Sa dogmatique nouvelle attira des étudiants de toute l'Europe, mais de nombreux opposants durent aussi, sous son règne, quitter la «Rome protestante». Michel Servet, qui remettait en cause la doctrine calviniste, finit sur le bûcher. Calvin exila son adversaire politique local Sébastien Castellion, beaucoup plus rationaliste que lui, qui revendiquait la liberté de conscience.

Beat de Muralt, le premier écrivain important après Calvin, avec ses *Lettres sur les Anglais et les Français* parues en 1725, ouvrit une perspective européenne à la vie intellectuelle romande. La conception calviniste, selon laquelle la littérature devait viser des buts pédagogiques et servir à l'amélioration morale de l'homme, se retrouve aussi chez Jean-Jacques Rousseau. Celui-ci, avec une sensibilité nouvelle, hissa pour la première fois la littérature de Suisse romande vers l'universel. Les mouvements littéraires les plus importants font référence à Rousseau tout comme à Calvin, le réformateur genevois à l'éthique puritaine et pénétré d'une haute conscience du devoir. La règle devint l'observation et la description de sa propre personne – fréquemment tenaillée par des sentiments de culpabilité –, souvent sous la forme du journal intime mis aussi par l'essai pertinent d'où la subjectivité est exclue. Jacques Chessex comme Yves Velan ont écrit des romans où un pasteur calviniste tient le rôle principal; de Denis de Rougemont à Etienne Barilier, de nombreux représentants de la culture romande sont fils de pasteur. « Le citoyen chrétien, dit Rougemont pour définir l'idéal calviniste, doit servir la communauté. Il est indépendant, autonome, mais jamais seul. L'homme a le droit de se révolter, mais seulement au sein d'un petit groupe englobant très peu de gens, qui doit être néanmoins représentatif d'une idée générale du social » – et ainsi rationnellement justifiable. « Un homme parmi d'autres ne se sent pas responsable, il appartient à la masse, il entre dans un parti, dans la collectivité; pour autant, il est encore loin d'être un citoyen. Toutefois, celui qui prend conscience d'une vocation – encore une notion calviniste, mais qu'on trouve aussi chez Luther – une vocation politique et sociale, a besoin, pour la réaliser, de la liberté qui n'existe qu'à l'intérieur de la communauté. Un homme ne peut être libre que s'il est responsable. Et il ne peut être responsable que s'il est libre. »

L'éthique de Denis de Rougemont est fort éloignée de la tradition française de l'intellectuel, beaucoup plus engagé dans l'histoire, et qui remonte aux philosophies des Lumières et en politique à l'affaire Dreyfus. Rougemont a marqué de son empreinte la notion de l'engagement issue du calvinisme et qu'il fait découler du personnalisme – bien avant Sartre qui, tout de suite après le second conflit mondial, a intégré ce qu'il avait vécu pendant la guerre à sa philosophie existentialiste, avec ses propres impératifs de l'engagement politique.

« Je n'ai jamais admis pour moi l'idée d'une culture nationale », expliquait ce descendant d'une famille aristocratique de Neuchâtel. L'Europe en mouvement, c'était déjà une évidence pour le jeune Rougemont. Dans les années 1930, il vécut à Paris qui était pour lui la métropole de la littérature. A l'invitation de l'ambassadeur des nazis en France, Otto Abetz, il passa une année à Francfort. A son retour, il publia son *Journal d'Allemagne*, un témoignage pénétrant et large de vues sur l'avènement du national-socialisme, dont Sartre, lors de son séjour en Allemagne, avait totalement sous-estimé le danger. Quand éclata la Seconde Guerre mondiale, Rougemont dut revenir en Suisse. Il fit partie des fondateurs de la Ligue du Gothard, mouvement intellectuel de défense nationale spirituelle. Dans un commentaire virulent publié par la *Gazette de Lausanne*, Rougemont exprima son indignation devant l'occupation de la France en juin 1940: la victoire d'Hitler, espérait-il, se transformerait en défaite face à l'esprit... Sur intervention des autorités allemandes, le général Guisan condamna Denis de Rougemont, pour avoir offensé un chef d'Etat étranger, à quinze jours de détention en forteresse à Saint-Maurice – peine que l'intéressé purgea chez lui, en liberté surveillée.

Le temps de guerre, il le passa en Amérique. Le gouvernement suisse avait en effet jugé utile d'envoyer en mission spéciale à New York ce fâcheux critique, qui créait des incidents diplomatiques. Il y rencontra de nombreux artistes, savants et écrivains français. Comme collaborateur de la *Voice of America*, il suivit l'évolution de la guerre. Aux Etats-Unis, il découvrit une nouvelle dimension à sa pensée politique: l'Europe – non pas celle des Etats nationaux qui avaient déclenché les catastrophes du siècle, mais l'Europe des régions. Pour l'union européenne, il ébaucha une philosophie du fédéralisme et de la participation civique. Il consacra à cette tâche la seconde partie de sa vie. Denis de Rougemont fonda à Genève le Centre européen de la culture et sacrifia son œuvre littéraire au combat quotidien pour la construction communautaire. Il a violemment critiqué la Suisse; mais son histoire et sa structure politique, ainsi que son plurilinguisme constituaient à maints égards l'exemple de l'Europe unie qu'il imaginait.

C'est un pays «qui a commencé par l'ouverture d'un col alpin, par une histoire de ponts». C'est ainsi que l'historien de Genève Alfred Berchtold, auteur d'un fascinant ouvrage de mille pages sur la vie intellectuelle en Suisse romande (*La Suisse romande au cap du XXe siècle*), caractérise ce pays. «C'est un Etat fait de ponts et de cols qui, sans cette ouverture vers l'extérieur, n'existe pas. Cette situation de plaque tournante européenne a sauvé la Suisse de son étroitesse et de son côté renfermé, souvent critiqué.» Et Alfred Berchtold d'affirmer ainsi la dimension internationale de la Confédération : « Pour moi il y a deux pôles, extraversion et Gothard, introversion et Grütli. Nos grands hommes ont toujours été des bâtisseurs de ponts, au propre et au figuré, dans le pays et à l'étranger. »

Jusqu'en 1803, la Suisse était un pays germanophone et chacun sait que ni les Fribourgeois ni les sujets vaudois n'y pesaient très lourd. Les cantons de langue allemande gouvernaient le pays. Mais celui-ci, entre 1481 et 1798, était devenu un peu français, note Christophe Büchi dans sa présentation de l'histoire de la Confédération : ce n'est pas les Suisses alémaniques qui ont voulu s'emparer de l'espace vital des Latins et étendre leur territoire en direction de la Suisse romande, mais c'est Bonaparte et le Congrès de Vienne qui ont procédé à cette extension. Elle se fit contre la volonté de quelques cantons, celui du Valais surtout. Berne dut concéder aux Vaudois leur liberté et, en dédommagement, reçut le Jura. « Non, l'existence d'une Suisse multilingue est d'abord le fruit de la Realpolitik, du calcul, du hasard et de la violence », lit-on chez Christophe Büchi.

Si forcée qu'ait été à l'origine, pour les régions romandes, leur appartenance à la Suisse, si pesante qu'ait dû être la situation des régions asservies, Vaud par exemple, ce qui faisait « problème », au sens moderne du mot, c'était d'être un Etat plurinational ; pour la Suisse, à l'aube du 20e siècle, alors que les Etats nationaux étaient complètement formés et que leur perversion fasciste se dessinait déjà peu à peu, la Première Guerre mondiale fut pour le pays une rude épreuve, qui avait commencé par la guerre franco-allemande de 1870-71 et la fondation de l'Empire allemand.

Face à une Suisse alémanique dont les sympathies allaient à l'Allemagne, qui se prenait pour toute la Suisse et croyait à la légitimité de son existence sans les « accessoires » romands, les cantons francophones s'alignèrent sur la France, mais sans vouloir s'y rattacher. Au début du 20e siècle, des intellectuels romands firent plutôt du régionalisme un programme culturel d'émancipation. En 1903, dans les collines de l'arrière-pays lausannois, René Morax fonda le Théâtre du Jorat. On y donnait des spectacles traditionnels, mais aussi des pièces modernes. C'est là qu'Arthur Honegger vécut la création de son *Roi David*. Le régionalisme romand avait toujours une composante universelle et n'était pas un cloisonnement exclusivement voué au culte des racines et du terroir. Les fondateurs de la revue littéraire *La Voile latine* se réclamaient comme le nom l'indique de la dimension latine de la Suisse romande, de ses origines romaines. Les *Cahiers vaudois*, que les mêmes cercles fondèrent plus tard, défendaient ostensiblement un patriotisme vaudois.

Charles Ferdinand Ramuz inventa une conscience régionale. Il récusait la Suisse en tant qu'organisme politique, mais entretenait avec elle un rapport très complexe. Sa tragédie a été que sa percée littéraire n'était pas de nature à conduire à un épanouissement durable. De Paris, où il avait longtemps vécu, Ramuz revint résigné en Suisse. Il se replia sur lui-même en Pays de Vaud. Parmi les textes narratifs qui échappent à la série des catastrophes apocalyptiques, autant naturelles qu'humaines, qui inspirent des œuvres majeures, figure son roman autobiographique, *Aimé Pache, peintre vaudois*. Les points communs entre *Henri le Vert* de Gottfried Keller et *Aimé Pache* sont nombreux. Le plus évident, ce sont ces longues années d'apprentissage artistique, loin du pays natal, dans la mère patrie culturelle. Mais, contrairement à Henri le Vert qui revient chez lui, s'acquitte de sa dette dans le service public et renonce à toute ambition, Aimé Pache regagne son village où il se met à peindre le tableau de sa vie, ce qu'il n'avait pas réussi quand il était à l'étranger. Du point de vue de la forme, Ramuz opère une rupture avec le roman français classique «mondain», dont il rejetait tant l'introspection psychologique que le réalisme social. Son style qui a su restituer en mots et en rythme l'enracinement paysan et la pesanteur campagnarde, révolutionna la langue française, bien plus normative que l'allemande. Pendant des années, la critique parisienne lui reprocha son incapacité d'écrire «correctement». Mais il trouvera plus tard en Céline, autre novateur en matière de langage, un admirateur de haute veine.

«Je suis né, disait Ramuz, dans le Pays de Vaud, qui est un vieux pays savoyard, c'est-à-dire de langue d'oc, c'est-à-dire français et des bords du Rhône.» Il imaginait une république autonome tout autour du lac Léman, qui réunirait à nouveau

Vaud et la Savoie, laquelle était entre-temps devenue française : « Je ne sais pas ce que nous autres Suisses faisons ensemble. »

Seuls les plus âgés des écrivains contemporains ont gardé une certaine référence régionale. Jacques Chessex, premier étranger à recevoir le prix Goncourt en 1973, a parlé implicitement d'une « ethnie vaudoise ». Maurice Chappaz traite du Valais moyenâgeux et moderne, soit par le biais d'un mythe poétique soit en attaquant de front, par sa poésie engagée, ce tourisme qui brade le Valais. La sensibilité écologique de l'œuvre de Maurice Chappaz a fait qu'il a été d'abord davantage apprécié en Suisse alémanique.

En Suisse, des convictions de « différence ethnique » ne jouent en général plus aucun rôle politique, mais elles peuvent être mobilisées dans un moment de crise. Ainsi le Jura qui, en premier lieu, se sentait socialement et politiquement opprimé par Berne. Dans ses luttes en vue d'obtenir son autonomie, la culture et l'identité jurassiennes d'une minorité linguistique ont joué un rôle central. Il n'empêche que le leader séparatiste Roland Béguelin, plutôt de gauche mais qui était sous l'influence de l'Action française d'extrême droite, proclamait volontiers que « sans la France, nous ne sommes rien », et avait rêvé d'un Jura français. Après la fondation du canton, Béguelin continua d'entretenir de bonnes relations avec les minorités francophones dans le monde entier, comme avec d'autres minorités de la France qui, au cours des siècles, ont enduré son processus de centralisation, au cours duquel toutes les langues régionales ont quasiment disparu. On trouve par exemple en Corse certaines références au modèle jurassien. « Quand nous discutons avec des Québecois ou des Wallons francophones, nous nous comprenons tout de suite », dit l'écrivain Alexandre Voisard, dont les textes étaient récités à chaque Fête du peuple jurassien. Après la naissance du vingt-sixième canton, le gouvernement nomma le poète au poste de chargé des affaires culturelles.

DES SIX CULTURES À « L'HEBDO »

Chacun des six cantons de la Suisse occidentale a sa propre histoire et sa propre tradition culturelle. Aux points de vue confessionnel, social et politique, ils sont très différents et ne veulent pas démordre de leurs réalités locales. «La Romandie n'existe pas» – c'est ainsi que le journaliste Alain Pichard, de Lausanne, a jadis résumé sa diversité. Mais les conditions de vie ont abouti, là aussi, à une uniformisation progressive. On a marginalisé les signes particuliers et mis en évidence le commun. Une certaine arrogance des Suisses alémaniques a finalement engendré un sentiment ou pour le moins un réflexe de cohésion.

Pendant longtemps, aucun quotidien ne s'adressait à l'ensemble de la Suisse francophone. Parallèlement au *Journal de Genève*, aux hautes exigences intellectuelles, on trouvait la *Gazette de Lausanne*. *La Suisse*, malgré sa grande diffusion, était un journal populaire genevois qui, par exemple, n'a guère pu s'imposer en Pays de Vaud. A Fribourg domine toujours la *Liberté*, en Valais, le *Nouvelliste*, et à Genève, la *Tribune de Genève*; à Neuchâtel, c'est *L'Express*, et dans le canton de Vaud, *24 heures*. La radio fut le premier des médias à toucher toute la Suisse romande, s'adressant simultanément aux Genevois, Valaisans et autres. Avec la télévision, ces démarches ont encore renforcé une conscience romande – du moins en faisant naître une certaine intimité et une familiarité communes à ces cantons.

Jacques Pilet travaillait à la Télévision suisse romande quand les Editions Ringier firent appel à lui comme fondateur et rédacteur en chef d'une petite sœur romande de *Die Woche*, lancée à grands frais et avec beaucoup d'espoirs. Elle ne devait retenir que des sujets suisses et inaugurer enfin, dans ce pays, l'âge d'or du magazine d'information. Le produit zurichois fut l'un des grands fiascos de l'histoire de la presse – mais pour *L'Hebdo*, qui a célébré ses vingt ans d'existence en 2001, il y avait manifestement une place à prendre dans cette Suisse romande qui se découvrait et s'émancipait. Pilet fit de cette percée romande un programme rédactionnel et posa le problème des relations envers la majorité sans trop de retenue. La Suisse n'a pu ouvrir à Paris son premier centre culturel à l'étranger que sous la pression d'une campagne de *L'Hebdo*. Le journal a acquis un poids politique indubitable.

Il a même réussi à imposer la participation de la Suisse – contre la volonté expresse du gouvernement fédéral – à la rencontre au sommet des Etats francophones, lancée par François Mitterrand. Dans le monde entier, la francophonie concerne plus d'une centaine de millions de gens. La France est le seul pays où le français s'est imposé comme seule et unique langue officielle. Ailleurs, il est le plus souvent utilisé par des minorités, ce qui rend les régions francophones réceptives à la collaboration culturelle. D'anciennes colonies ont gardé le français comme langue officielle et culturelle. Si, dans les domaines de la diplomatie et de la science, il a perdu son importance d'antan et que, du fait de la globalisation, il est toujours plus menacé par l'anglais, le français reste une langue dans laquelle on peut discuter avec des intellectuels d'Israël et du Maghreb, d'Afrique et d'Amérique latine et de la partiou de toute la partie latine de l'Europe. Et même avec des Suisses alémaniques…

Pour la Suisse, la francophonie peut être une chance et un enrichissement : une ouverture et une dimension de la politique extérieure. De cela – et de l'importance d'une présence culturelle permanente à l'étranger – L'Hebdo de Jacques Pilet a largement fait prendre conscience. Grâce au succès de ce magazine romand, les éditions Edipresse et Ringier ont osé fonder en 1991 Le Nouveau Quotidien, qui, à ses débuts, n'était pas moins militant et qui se sous-titrait audacieusement Journal suisse et européen. Le marché limité de la presse ne supporte pas plusieurs journaux suprarégionaux de qualité ; mais avec Le Temps, né de la fusion du Nouveau Quotidien et du Journal de Genève, la Suisse romande dispose, en sus de L'Hebdo, d'un produit phare, dont le rôle de leader est incontesté dans toute la région.

Mais lors de la première votation sur l'adhésion à l'ONU, en 1986, les Genevois eux-mêmes, dont la ville abrite le siège européen des Nations Unies, ont dit non. Jusque dans les années 1980, il n'y a pas eu de conflits vraiment graves entre les régions linguistiques. Rien ne laissait prévoir, à l'époque, la guerre d'opinions qui allait fondre sur le pays dans les années 1990 et creuser le fameux « Röstigraben », la « barrière de röstis ».

La dimension internationale était plus évidente pour les habitants de Suisse romande ; l'Europe et la francophonie apparaissaient comme une extension naturelle de leur propre identité, ils s'identifiaient moins à la Suisse officielle du Grütli et du Réduit national; le poids de l'histoire les touchait sensiblement moins et ils avaient dépassé l'horizon de la défense spirituelle du pays. En outre, ils étaient en train de se découvrir comme un ensemble, ce qui les rendait beaucoup plus réceptifs à l'ambiance euphorique de l'éveil européen. Beaucoup d'autres raisons pourraient être invoquées pour expliquer ces différences d'attitude, d'une partie de la Suisse à l'autre; avec le recul, on a pourtant de la peine à comprendre la violence de la dissension entre Confédérés à propos de l'Europe. La Suisse défendait sa position par rapport à un projet d'une portée historique où, grâce à sa structure politique et sa diversité culturelle, elle aurait pu jouer un rôle de pionnier, à l'instar d'un Denis de Rougemont, l'un des grands penseurs de l'Union européenne. Mais le pays se tint à l'écart et sembla même se briser.

Le conflit éclata le 6 décembre 1992. Revenons à ce jour fatidique. L'Europe avait formé un espace économique commun et levé toutes les barrières commerciales. Les Suisses avaient été appelés aux urnes. Avec une participation au scrutin de presque 80 pour cent, ce qui n'avait plus été atteint depuis l'introduction de l'AVS en 1947, ils devaient se prononcer sur l'adhésion non pas à l'Union européenne, mais à l'Espace économique européen (EEE). Dix ans après, même les adversaires d'alors admettent que cela aurait été une solution raisonnable. Mais le résultat fut un non de justesse: 50,3 pour cent. Les six cantons romands s'étaient prononcés en faveur de l'adhésion, comme les deux Bâle – tous les autres avaient voté contre. Le «Röstigraben», concept lancé par les médias dans les années 1980, était devenu une réalité politique.

Au cours des années suivantes, ce sujet n'a cessé de revenir sur le tapis. Lors de l'initiative sur la protection des Alpes en 1994, lors de la votation sur l'envoi des casques bleus dans le cadre des interventions de l'ONU (les Romands y étaient favorables), quand il s'est agi de faciliter la naturalisation de jeunes étrangers et d'inscrire un article sur la culture dans la Constitution, les résultats ont toujours été différents dans les deux régions du pays. En général, les minorités linguistiques furent perdantes.

D'une question moins politique, on a fait un nouveau point crucial : la Lex Friedrich, qui réglait la vente de terrains aux étrangers, devait être légèrement assouplie en 1995. La participation au scrutin fut peu importante, la décision se joua sur le fil. Cette fois, les commentaires en Suisse romande et au Tessin firent craindre une sécession : « La situation est extraordinairement grave », dit un conseiller d'Etat PDC genevois. Un homme politique valaisan du même parti, connu pour être modéré et conscient de ses responsabilités, dénonça une nouvelle oppression : « Nous sommes colonisés. » Un politicien libéral évoqua le spectre de Gessler, l'ennemi de Guillaume Tell. L'écart entre réalité et rhétorique devint insupportable – plus profond que le fossé de röstis était l'abîme entre l'importance effective et objective d'un sujet et son exploitation politique, tant par les politiciens que par les journalistes qui avaient perdu toute mesure du raisonnable et de la responsabilité. Il régnait une « guerre civile rhétorique » entre la Suisse romande en colère et une Suisse alémanique arrogante, qui s'isolait toujours plus du monde et des autres régions du pays.

C'est dans ce climat que, du dehors, la Suisse vit son passé la rattraper. En 1992 déjà, Christoph Blocher avait tenu son discours douteux sur le thème « Collaboration ou résistance » et ramené ainsi le débat sur l'Europe au contexte de la Guerre mondiale : il s'agissait de nouveau, selon lui, de défendre notre liberté et de résister. Puis le pays, soumis en politique intérieure à une épreuve de force extrême entre 1992 et 1995, s'est trouvé à la fin du millénaire sous la pression des Etats-Unis et de l'opinion mondiale. Rétrospectivement, on peut estimer que ces contestations venues de l'extérieur n'ont pas accentué le clivage, mais qu'elles ont plutôt contribué à un rapprochement des différentes régions linguistiques du pays.

La cohabitation des langues avait été harmonieuse, voire exemplaire. Elle était l'un des piliers de la défense spirituelle du pays, née en réaction aux tensions de l'Europe à l'époque de la Première Guerre mondiale. On dépeignait la Confédération sous son jour le plus avantageux, notamment comme point de rencontre de trois grandes cultures du continent. Cet Etat qui ne reposait sur aucune unité raciale, linguistique ou culturelle, se sentit alors investi de la mission de représenter une solution de rechange pacifique à la désunion européenne. Une fois de plus, on fit de nécessité vertu. Ce discours n'était pas exempt de chauvinisme et se nourrissait parfois d'un certain culte du sang et de la terre. Ainsi l'élite du pays combattait les nationalismes totalitaires d'origine allemande et italienne en faisant vibrer la corde nationale helvétique. « Qu'importe ! A la guerre comme à la guerre… » écrit Christoph Büchi.

Le recours à Guillaume Tell, aux temps héroïques où les Romands n'avaient strictement rien à voir avec la Suisse, fait partie, de la gauche à la droite de l'échiquier politique, du programme de réarmement moral et de défense spirituelle du pays. Dans le cadre du programme cinématographique de la Confédération – qui connut une véritable floraison depuis 1938, année de fondation de la Chambre suisse du cinéma – à part une adaptation de *Farinet*, le roman de Ramuz, ne furent cependant produites que des œuvres d'auteurs suisses alémaniques, souvent en dialecte. La « défense spirituelle » demeura quelque peu étrangère aux Romands, notamment les actualités projetées chaque semaine dans les cinémas comme programme imposé. Pour Christoph Büchi : « Beaucoup de Romands ne comprirent pas très bien à quoi pouvait bien servir ce culte national confédéral. Mais les préposés au culte eurent au moins le mérite d'aiguiser la sensibilité et l'intérêt pour le plurilinguisme de la Suisse. Et si leurs belles paroles ne furent pas toujours suivies de grandes actions, ils ont érigé en idéal la diversité linguistique et culturelle, et non pas la pureté de la race. Mais leur acceptation du pluralisme ne s'appliquait qu'aux communautés autochtones et n'excluait pas le rejet des Juifs d'Europe orientale. Le goût des Suisses pour la diversité se limitait à la diversité suisse. »

Pendant la guerre et à différents niveaux, la Suisse francophone entretint des relations avec la Résistance française. A Neuchâtel, Hermann Hauser édita les *Cahiers du Rhône* d'Albert Béguin. Cette collection publia Aragon (*Les yeux d'Elsa*), Saint-John Perse (*Exil*), Jean Cassou, Georges Bernanos, Pierre-Jean Jouve, Paul Eluard (*Poésie et vérité*,

1942), ainsi que le programme politique de l'existentialisme de l'après-guerre : *De la Révolution à la Résistance*. A la fin de la guerre, les relations avec la Résistance se révélèrent des plus utiles – pas seulement pour la conscience de soi. Une fois les frontières rouvertes, il parut relativement facile de surmonter l'étroitesse romande.

LA LITTÉRATURE ALÉMANIQUE DE L'APRÈS-GUERRE

Le discours sur la Suisse idéale et parfaite, issu de la guerre et de la défense spirituelle, transforma en mythes les valeurs associées à la notion de « suissitude » – liberté, démocratie, tolérance, ordre et discipline. Les suites de cette idéologisation n'ont nullement épargné la Suisse romande. Mais celle-ci entretient, pour des raisons historiques, une relation moins étroite, moins fétichiste avec les archétypes de la Suisse primitive, Grütli et Guillaume Tell, et le malaise souvent évoqué après 1945 pesa visiblement moins. Bien que la France arrogante et centralisatrice se montrât beaucoup plus réticente envers les créateurs suisses romands que l'Allemagne fédérale envers les Suisses alémaniques, l'appartenance à la culture française était moins problématique et présentait en outre des parallèles subconscients avec un passé refoulé auquel on pouvait incontestablement s'identifier. L'Allemagne était en revanche écrasée, tout comme sa culture, et n'avait d'autre choix que de régler ses comptes avec les douze années de nazisme. La tentation fut grande, dès lors, chez les Suisses alémaniques, après 1945, de se différencier plus nettement qu'avant de l'Allemagne. Le retour sur soi et l'autocritique ne les engageaient pas au changement.

« Le mot clef de "défense spirituelle" a guidé et instrumentalisé politiquement l'histoire, depuis les années 1930 jusqu'en pleine Guerre froide, pour en faire un hallucinogène social. » C'est ainsi que Peter von Matt esquisse, dans *Die tintenblauen Eidgenossen* (*Les Confédérés à l'encre bleue*), le profil de la Suisse littéraire et politique. Pour von Matt, la culture s'est livrée, après 1945, à un programme de déconstruction de la figure fondatrice de Guillaume Tell. «Pour combattre le côté aveuglant de la défense spirituelle du pays, la littérature suisse de la seconde moitié du 20e siècle tenta de liquider toute la fable de Tell qui, comme stéréotype réactionnaire, avait été laissée à l'abandon. On pourrait réunir aujourd'hui toute une anthologie de ses satires de Tell.» Mais elle ne contiendrait guère de contributions de Suisse romande.

Celle-ci fit le point tout autrement sur le pathos du passé. La libération de ses mythes se passa tout différemment – grâce à un nouveau média. C'est précisément la Genève calviniste qui vit naître le nouveau cinéma suisse. Alain Tanner, Michel Soutter, Claude Goretta racontaient des histoires qui, pour la génération des années 1970, furent une révélation. Le journaliste Claude Torracinta a défini comme un «cinéma qui se joue dans la tête» le travail de ces réalisateurs qui collaboraient étroitement avec la télévision: «Des films de fiction, pas de documentaires, d'une orientation très suisse romande, qui faisaient aussi preuve d'un certain nombrilisme. Les films posaient des questions: pourquoi sommes-nous nés, que faisons-nous, qui sommes-nous?» Ce cinéma, dans la tradition protestante romande, illustrait l'intériorité calviniste et manifestait en même temps la fin de son hostilité envers l'image. La critique sociale exprimée par ces cinéastes était très poétique. *Le fou* de Goretta ou *La Salamandre* d'Alain Tanner parlent de gens qui vivent en dehors du consensus helvétique. «Ils ont montré, dit Torracinta, que, dans cette Suisse idéale et un peu mythique, tout n'était pas comme le représentaient les cartes postales. Et ils ont clairement démontré comment on traite toute personne en rupture avec l'ordre établi. On l'accepte un certain temps, mais si elle devient une menace, on l'enferme. Voilà ce que les cinéastes ont montré en premier.» En tout cas, après ces films, on ne pouvait plus parler de la Suisse comme dans les années 1950 et 1960.

Conséquence de 1968, même en Suisse, le réexamen du passé se fait plus concret et plus accusateur. Avec une prétention souvent insupportable, les fils exigent des explications de leurs pères. Mais les films politiques importants comme les livres critiques qui traitent concrètement des événements du passé proviennent, presque sans exception, de Suisse alémanique. C'est Otto Marchi qui, avec son *Histoire suisse pour hérétiques*, donne le ton de l'époque. Au début des années 1970, Paul Nizon publie son *Discours dans l'étroitesse* qui deviendra célèbre. Il y décrit l'enfermement du pays dans le corset de mythes mensongers qui contrastent radicalement avec les conditions réelles. Il formule sur la Suisse un diagnostic de partition, au sens pathologique du mot – une schizophrénie avec tous ses symptômes, de l'ennui au détachement le plus profond. L'essai de Nizon devient lui-même un mythe de l'après-guerre auquel beaucoup d'auteurs de deuxième et troisième rangs vont s'identifier avec une complaisance geignarde. Quant à Nizon, il s'échappe de cette étroitesse pour vivre et écrire à Rome comme à Londres, Amsterdam ou Barcelone. Depuis deux décennies, il réside à Paris où il a trouvé un cercle de lecteurs et où il se dit « écrivain français de langue allemande, de Berne ».

« Un écrivain trouve son sujet là où il le cherche », raille Hugo Loetscher contre la littérature forcée et narcissique de quelques-uns de ses collègues. Par le dialogue constant avec des univers étrangers, cet écrivain a su dépasser l'étroitesse helvétique et le plancher suisse. Ses livres font pourtant partie de la révision en cours des clichés et des stéréotypes helvétiques. Loetscher n'a pas seulement ouvert de nouveaux domaines géographiques à la littérature de ce pays. Son premier livre *Les Egouts* se passe dans l'anonymat d'une ville quelconque, *La Tresseuse de couronnes*, dans les quartiers ouvriers zurichois avec toute la couleur locale. Dans *Le déserteur engagé*, Zurich et la Suisse sont présentes de la même façon que Paris ou l'Amérique du Sud. Ce roman autobiographique reste dans la mémoire du lecteur comme peu de témoignages littéraires de l'après-guerre. S'y rattachent *Un Automne dans la grosse orange* et *Les Yeux du mandarin*, un roman subtil sur l'histoire du développement de l'humanité, que Loetscher publiera au tournant du millénaire.

Cet écrivain catholique, qui a pris le type latin de l'intellectuel comme modèle, a toujours écrit pour des journaux. L'esprit mesquin du pays, les conditions auxquelles il se frotte, n'ont jamais été son horizon. Sans jamais résilier le bail de son appartement zurichois, Loetscher a parcouru les continents. Le plus cosmopolite de tous les écrivains suisses nourrit ses textes de son expérience journalistique et de sa connaissance de l'étranger. Il donne vie à la Suisse culturelle et politique avec une évidence naturelle et d'une façon dialectique et il s'affirme aussi comme une figure exceptionnelle. Sa manière de traiter la réalité s'inscrit dans la tradition de l'absurde et de l'humour qui risquait de disparaître avec Dürrenmatt – et s'il existe un point commun entre les littératures suisse alémanique et romande, c'est que le lecteur y trouve rarement l'occasion de rire… La critique germanophone a accueilli *Saison*, le roman de Loetscher, avec beaucoup de réserves à cause de ses traits d'esprit, de son manque de sérieux, mais sa traduction a été saluée à Paris. Le *Figaro* a qualifié Loetscher de « romancier de l'existentialisme ».

Otto F. Walter, avec sa critique radicale du capitalisme, régla ses comptes de manière plus violente avec la Suisse. Le mouvement alternatif lui fit un large écho. Lors des émeutes qui, au début de l'été 1980, agitèrent Zurich, il tint un discours dont l'effet, avec le recul, n'est pas plus nuancé, mais il fait comprendre à quel point le système helvétique fut rejeté et sur quelles positions extrêmes la situation déboucha : « Ici à Zurich, l'échelle des valeurs de cette société est mise à l'épreuve. Le résultat est là : ils parlent de culture, mais pensent consommation. De démocratie, mais ils pensent loi et ordre. De liberté, mais ils pensent commerce. Le fait qu'exigence et réalité divergent ne suffit pas encore à rendre la Suisse typique. C'est bien l'énorme distance entre ce que nous proclamons et ce que nous mettons en pratique qui fait de nous un cas unique en Europe occidentale. »

Des appréciations globales de ce style deviennent un peu plus claires si on essaie de les décaler, de les projeter sur le temps de guerre dont le réexamen n'avait encore guère atteint la conscience du public.

L'année où Otto F. Walter fit cette allocution, il commençait à travailler à son *Temps du faisan*, une fresque d'un demi-siècle qui remonte aux années de la Seconde Guerre mondiale. A travers l'histoire d'un clan familial, dont la fortune et le pouvoir provenaient entre autres du commerce des armes, l'auteur décrit le fonctionnement de l'économie, dont il dessine l'image mondiale comme un mélange de capitalisme précoce, de patriarcat et d'idées catholiques conservatrices. Leur horizon politique est la défense spirituelle du pays, qui, plus tard, fut reportée sur la lutte contre le communisme.

Ce roman, à l'époque une première esquisse de compréhension de l'histoire qui ne mettait plus au même niveau le capitalisme et le national-socialisme, marque en un certain sens, dans la littérature suisse, le terme de la Guerre froide. L'ouvrage parut l'année qui précéda la chute du Mur de Berlin.

Niklaus Meienberg s'en prit à Otto F. Walter et à ses exagérations littéraires dans un débat sur le réalisme. Meienberg voulait des faits et des méthodes – en tant que journaliste d'investigation, il s'était occupé des zones noires de l'histoire helvétique. Ses reportages et recherches historiques demeurent ses meilleurs textes : sur l'exécution, pendant la guerre, de traîtres – plutôt inoffensifs – à la patrie, otages de la défense spirituelle du pays ; sur Maurice Bavaud, le Suisse qui tenta d'abattre Hitler ; sur Wille, le général pro-allemand. La Suisse choyait et détestait Meienberg. C'était une star, une prima donna qui, des années durant, n'eut pourtant pas une audience à sa mesure. Il était obsédé par l'histoire et la justice, et le présent le rendait fou furieux. Pour la Suisse, Meienberg était aussi insupportable qu'elle l'était pour lui. Les fronts idéologiques, comme conséquence des refoulements, étaient encore beaucoup trop forts. Par sa manie de toujours vouloir avoir raison, par son infatuation, par sa soif de ce pouvoir qu'il exécrait et admirait à la fois, l'écrivain justifiait la méfiance dont il était l'objet. La Suisse et Meienberg n'étaient pas de taille à s'affronter. Il était trop grand et elle, trop petite. Le plus brillant auteur de reportages de sa génération, poète hors pair, devint un polémiste aigri, visiblement victime du besoin de se répéter, peut-être en proie à un complexe de persécution. Son style, persillé de dialecte, a été plagié – il l'est encore aujourd'hui – par de nombreux journalistes de gauche. Son bref passage à l'hebdomadaire *Stern* fut un échec. Meienberg, c'était une légende vivante, dont l'aura n'était peut-être pas toujours adaptée à ses capacités, en même temps qu'il s'efforçait de corroborer cette légende. Malgré les honneurs reçus, sa vie ne pouvait aboutir qu'à un court-circuit. En 1993, l'auteur, qui venait d'être victime d'un accident puis d'une agression, se donnait la mort – tragique destin, pas tout à fait atypique, d'un écrivain suisse.

C'est Max Frisch qui fut la figure la plus emblématique de l'époque. Il incarnait la mauvaise conscience de la Suisse, dont il souffrait et qu'il mettait sur le compte des mythes nationaux, avec une indignation nullement feinte. Ils ne lui étaient pas tout à fait étrangers, car lui-même, dans sa jeunesse, avait été sous l'influence des préjugés de son temps. Ses premiers écrits contiennent même des clichés antisémites et racistes. C'est seulement la guerre et son analyse du conflit qui ont affiné son jugement politique. Frisch, écrivain initialement imprégné par l'esprit de la défense idéologique, passa de la droite nationale à la gauche intellectuelle, et cette vie politique reflète l'évolution de la culture de l'après-guerre. Si Frisch n'était pas un idéologue de la lutte des classes, il se montrait pour le moins sans compromis, voire extrême, dans sa critique de la classe dominante. Le dialogue avec le pouvoir – Frisch s'est trouvé à la télévision face au conseiller fédéral Kurt Furgler – échoua, tout comme ses tentatives de changer le système suisse. La fin de sa vie coïncida avec le point culminant de la crise d'identité helvétique – on venait de découvrir le scandale des fiches. Max Frisch ne réagissait plus qu'avec colère et amertume contre son pays. Quand il écrivit sur ses mythes – Guillaume Tell et l'armée, dont il voulait l'abolition – il y mit plus d'énergie que tout autre écrivain de son temps.

«Cette énergie permet de conclure à l'existence de forces contraires», dit Peter von Matt dans son portrait de la littérature suisse d'après 1945. Par énergie, il entend les efforts intellectuels que les auteurs ont accomplis. Quant aux forces contraires, elles représentent, dans sa formule adéquate, celles qui constituaient le fondement de la société d'après-guerre et qui, par un travail aussi pénible que subversif, devaient être surmontées: «Les années trente et le début des années quarante avaient une fois de plus intoxiqué la Suisse par les fables de ses héros historiques. Cela renforça la résistance contre l'Europe fasciste, au point qu'elle contribua aussi à accentuer le manque de cœur envers les persécutés, les juifs qui, à la frontière, imploraient leur admission. L'agitation commune favorisa une anesthésie collective.» Le refoulé revient tôt ou tard à la surface. Ces réflexions feront date. Cette stratégie consistait à écrire contre les mythes et l'étroitesse de ce pays. Le résultat, von Matt le qualifie de «patriotisme critique».

Mais celui-ci n'a-t-il pas en fin de compte abouti à une impasse? Adolf Muschg n'était pas le seul à penser depuis longtemps que la Suisse ne s'ouvrirait et même ne changerait que sous la pression de l'extérieur. Cette pression se manifesta, de manière totalement inattendue, par les reproches du monde entier et les exigences du Congrès juif mondial, ce qui laissa les intellectuels souvent sans voix. Paul Nizon, à Paris, resta coi. Même Hugo Loetscher intervint à peine dans les débats sur l'or des nazis : il estimait, pas tout à fait sans raison, avoir su tout cela depuis longtemps et l'avoir dit plusieurs fois. Ce dégoût, Loetscher l'exprime dans un roman. Dans les *Yeux du mandarin*, de son personnage Past, largement autobiographique, on «attendait à plus forte raison une prise de position quand on commença à parler des victimes de l'Holocauste, quand les fonds en déshérence des banques suisses agitèrent toute la presse, quand on publia les chiffres définitifs de réfugiés déportés pendant la Seconde Guerre mondiale et quand le scandale de l'or nazi éclata». Par la découverte de ces scandales, la Suisse devenait «mondialement compatible», écrit Loetscher, et il fait dire à Past que chaque révélation du passé «montre l'avenir» : «Ce qui vient au jour a une chance que la merde se fasse humus.»

Pourtant, Adolf Muschg a dû parfois mener son combat en solitaire et payer chèrement son engagement. Des intellectuels de gauche lui ont parfois reproché de jouer à la prima donna de la protestation avec quelques traits du pharisien. La «littérature comme thérapie», un de ses sujets de réflexion théorique, le conduit à en rabattre un peu sur son importance politique. «Etre une sorte de sauveur, j'en connais la vocation. Et ça ne peut aller qu'atrocement de travers», a-t-il déclaré lors de la parution de son roman *Der rote Ritter* (*Le Chevalier rouge*). A sa manière, il est devenu une sorte de sauveur. Muschg a repris la déclaration surprenante du conseiller fédéral Jean-Pascal Delamuraz sur la situation géographique d'Auschwitz – qui se situait où que ce soit, mais en tout cas hors de Suisse – pour revenir ainsi au cœur du débat, à savoir qu'Auschwitz s'était aussi inscrit dans la topographie intellectuelle de la Confédération.

Celle-ci n'est pas, bien sûr, la Suisse de Christoph Blocher. Lui, qui résumait l'Europe en une question d'adaptation ou de résistance, fit de Muschg un traître qui faisait de la propagande pour l'«Anschluss», voire un «collaborateur». Lorsque la Suisse vit son honneur mis en cause à la face du monde, Muschg, né en 1934 et qui porte le même prénom qu'Hitler, tenta de sauver cet honneur en se voulant la conscience morale du pays et en le protégeant de plus gros dégâts. La Suisse aurait été en bien plus mauvaise posture si elle n'avait pu compter sur l'autorité de Muschg dans sa plus grave crise depuis 1945. Pendant toutes ces années, Muschg écrit peu. Mais, déclara-t-il dans l'entretien qu'il accorda au *Temps* en 1998 «je ne crois pas que nous autres écrivains pouvons faire quelque chose de bien pour la société». Ses prises de position se firent de plus en plus résignées et pessimistes.

Bien qu'il fût membre du gouvernement et non dans l'opposition, contrairement à Christoph Blocher, Jean-Pascal Delamuraz, radical lausannois, se comporta, dirent ses critiques, en populiste dépourvu de sensibilité historique. Il rejeta, en tant qu'«aveu de culpabilité», le Fonds de l'Holocauste et la Fondation Suisse solidaire, et qualifia de «chantage» l'exigence de restitution des capitaux et biens juifs. Les propos de son prédécesseur à la syndicature de Lausanne et au Conseil fédéral, Georges-André Chevallaz, ne lui cédèrent en rien et choquèrent, révélant tout un décalage dans la perception du passé: «Je tiens les juifs pour des gens intelligents, pour plus intelligents que la moyenne, quoi que l'on tienne d'une classification des races. Dès le milieu des années trente, ces gens se savaient menacés. Je ne comprends pas comment, dans ces conditions, ils auraient pu avoir l'idée de déposer leur argent en Suisse, sans penser que les Allemands pourraient avaler celle-ci», déclara-t-il à la *Tribune de Genève*. Avant d'entrer en politique, Chevallaz était historien. Il a écrit un manuel scolaire qui a familiarisé de nombreux Confédérés avec leur histoire, de 1789 à nos jours. L'ouvrage connut plusieurs éditions, toujours complétées, mais la présentation de la volonté de résistance du temps de guerre, tempérée et enjolivée, resta constamment la même. A l'époque déjà, les juifs n'auraient pas dû lui faire confiance. Après coup, Chevallaz n'a-t-il pas délivré un «certificat de bêtise» à ceux qui viraient leur argent sur des comptes suisses? Et tout le monde sait que les sots sont toujours coupables.

Un dernier hoquet de la défense spirituelle du pays, dans les années 1990, un réflexe de défense, induit par des motifs anti-américains et antisémites, a-t-il sauvé la Suisse de l'éclatement? Elle se trouvait alors en état de guerre civile rhétorique. Un nouvel ennemi imaginaire était-il nécessaire pour cela, fallait-il une nouvelle menace? Dans les relations intérieures suisses, il est difficile de dégager une dynamique, voire une dialectique à la manière des contacts entre l'Allemagne et la France. En République fédérale, le réexamen du passé a été stimulé par des emprunts à la culture politique des Français. A Paris, la liquidation de Vichy se fit par des voies détournées. Nietzsche et Heidegger, deux penseurs compromis par le nazisme, posèrent en vérité les fondements de la pensée postmoderne, des piliers sur lesquels s'appuya la déconstruction des mythes. Cette lecture antifasciste leur valut une nouvelle innocence politique, grâce à laquelle ils purent regagner l'Allemagne.

Dans le dialogue européen des cultures, que les remous de l'histoire entre la France et l'Allemagne ont tout particulièrement marqué, la Suisse est toujours apparue comme un axe secondaire. Certes, par la Suisse romande, les œuvres allemandes ont régulièrement fait leur entrée en France – Gustave Roud a traduit de nombreux auteurs romantiques, Philippe Jaccottet a familiarisé les Français avec Rilke et Musil. Walter Weideli écrivit la première biographie de Brecht en français. François Bondy, lui, œuvra dans l'autre sens, et l'œuvre de l'écrivain et théoricien Georges-Arthur Goldschmidt, qui, enfant, dut fuir de Hambourg en France pour échapper aux nazis, parut en allemand chez l'éditeur zurichois Egon Ammann. En matière d'échanges culturels, la Suisse dispose d'une riche expérience, et c'est un domaine porteur d'avenir. C'est une voie pour se sortir de l'étroitesse, qui pourrait être romande comme elle est alémanique. Beaucoup ont fait fructifier cette dualité ; la Suisse n'a cependant pas réussi à se créer une identité de passerelle culturelle à l'échelle du continent. La place financière et le paradis touristique ne sont pas devenus une plaque tournante d'idées, d'œuvres et de littérature. On subventionne des traductions littéraires d'une région du pays dans une autre langue, avec pour conséquence que, souvent, ces œuvres ne parviennent guère à franchir les frontières du pays. Maurice Chappaz, traduit en allemand, est inconnu en Allemagne. On pratique l'échange culturel comme un exercice fédéral imposé et rarement par passion, ni dans une perspective européenne. Quand donc la Suisse s'est-elle manifestée, lors d'une des nombreuses occasions de se présenter elle-même, par une initiative fédéraliste, par une contribution – tirée de ses propres expériences – en faveur de l'Europe et pour le rapprochement des cultures ? Jamais, après Denis de Rougemont. Il n'a pas trouvé de successeurs. A Genève, son institut ferme. La cause n'est pas tant le manque d'argent, qu'auraient refusé des autorités butées, que l'incapacité d'une direction dépourvue d'initiative.

Adolf Muschg pense que jadis, en Suisse, l'étude des autres langues se faisait de manière plus intensive. « Il y eut des altercations, voire de rudes épreuves, comme lors de la Première Guerre mondiale. Le contact n'était pas idyllique, mais réel, pas moins réel que "l'année romande" des jeunes filles de toutes les couches sociales. Cette année ne leur servait pas seulement à apprendre la langue ou à passer du temps jusqu'au mariage, mais aussi à intégrer une parcelle d'étranger dans son propre pays, à être fières d'avoir fait connaissance de la partie française de l'alliance nationale et de s'y être assimilées. Mais il faudrait avoir davantage à offrir que du travail consciencieux et une bonne foi candide. Le caractère suisse alémanique, nous en étions aussi conscients, avait aux yeux des Romands un côté "allemand", qu'ils n'acceptaient pas sans réticence. De ces échanges compliqués, mais d'importance vitale, ne reste aujourd'hui que l'exigence des

Romands qui, dans nos relations avec eux, voudraient que nous nous astreignions à parler bon allemand, ce que beaucoup de Suisses alémaniques considèrent comme inacceptable, tandis qu'eux jugent nos dialectes imbuvables. »

Hugo Loetscher ne dit pas autre chose quand il critique l'« idéologisation du dialecte » chez les Alémaniques. En Suisse, le dialogue des cultures ne se fait pas par passion : « Nous cultivons le dialecte et oublions ainsi l'allemand. Mon fédéralisme n'est pas celui des vallées alpines, mais celui de différents espaces culturels. Le fait de jouer le dialecte contre le bon allemand n'est pas un enrichissement, mais un appauvrissement. Ce n'est pas un renforcement de notre particularité, mais une castration. Notre spécificité réside dans le fait que, au sein de notre langue, nous sommes bilingues. L'allemand, comme le dialecte, est aussi notre langue. » La Suisse en cela n'est pas un cas à part, mais dans une situation qui d'Afrique en Inde, d'Espagne en Russie existe partout dans le monde.

La progression du dialecte dans la Confédération a pourtant pris des proportions inquiétantes. Radio et télévision, et à plus forte raison les chaînes privées, le cultivent dans la lutte pour le taux d'écoute contre la concurrence allemande. Cela rend les programmes incompréhensibles aux Suisses parlant une autre langue et aux étrangers. Quand ils sont retransmis par *3sat*, ils doivent être doublés. Le dialecte alémanique est l'idiome du pouvoir, et Zurich, la capitale occulte, en est plus que jamais le centre. La *NZZ* elle-même qualifie d'arrogante l'attitude de la ville face au reste de la Suisse.

Dans la question de l'Europe, il y a moins de querelles ; mais dans beaucoup d'autres domaines, le fossé entre Suisses alémanique et romande s'est creusé. Lors de votations sur des sujets moins brûlants, des cultures politiques et des conceptions sociales différentes se manifestent. La transformation radicale de l'armée, qui était un facteur de cohésion, va aussi augmenter la distance entre les régions du pays. Dans sa fonction de politique intérieure, l'armée était plus importante que par ses prestations militaires : elle incarnait en effet la notion de l'Etat et constituait un temps d'initiation au fédéralisme, puisque le service militaire réunissait des hommes des diverses régions du pays, comme aucune autre institution. L'armée, à l'instar du secret bancaire, fut une « vache sacrée ». Critiquer l'armée était considéré comme une haute trahison. Mais le tabou qu'elle représentait n'a pas résisté à la réflexion sur l'idéologie de la défense spirituelle. De même, depuis la guerre du Golfe, on a fait des concessions à la neutralité qui étaient impensables avant 1989.

Les bases de la Suisse quadrilingue, les piliers du fédéralisme helvétique sont jetés par-dessus bord comme des déchets idéologiques. Le fait que, partout en Suisse – chaque canton a son propre système scolaire – on apprenne comme langue étrangère une langue nationale appartenait aux règles intangibles de la vie en commun. Sous le signe de la mondialisation, Zurich a violé cette loi d'airain. En l'an 2000, le canton décida en solitaire que ses élèves d'école primaire apprendraient en premier non pas le français, mais l'anglais. Des protestations s'élevèrent dans toute la Suisse. Le directeur neuchâtelois de l'Instruction publique reprocha à son collègue zurichois Ernst Buschor son « impérialisme ». Mais l'allemand est aussi en danger, avertit la conseillère d'Etat genevoise Martine Brunschwig-Graf. Par ailleurs, les réflexes de défense des Suisses romands contre l'anglais sont marqués chez certains par un anti-américanisme et une conscience linguistique exacerbée. Les minorités sont-elles les seules à tenir encore aux principes de la culture fédérale ? Elles ont toujours donné les meilleurs fédéralistes. Mais la contradiction entre la profession de foi pour l'allemand, langue de la majorité, et son impopularité, comme aussi son abandon, est évidente.

La décision unilatérale zurichoise fut qualifiée par la conseillère fédérale Ruth Dreifuss, responsable au Gouvernement de la politique linguistique fédérale, de « coup de poignard ».

« La guerre des langues est déclarée », proclama *Le Temps*. La manchette du journal genevois avait quelque chose d'apocalyptique : « The End of Switzerland ». On n'en est pas là, peut-être pas encore. Mais depuis une décennie, depuis la fin de la Guerre froide, la Suisse – avec l'euro comme seconde devise et l'anglais comme cinquième langue nationale – change plus vite qu'au cours du dernier demi-siècle.

3

L'HEURE AU RYTHME SUISSE

Le 14 juillet 1989, les Français célébrèrent de manière grandiose le bicentenaire de la Révolution. En 1889, pour le centenaire, ils avaient organisé une exposition universelle et fait construire la Tour Eiffel. Cent ans plus tard, le président Mitterrand souhaitait une nouvelle exposition universelle, dont il confia le projet à l'historien Michel Vovelle. Si elle ne se réalisa point, ce n'est ni faute de volonté politique ni en raison de résistances, qui n'auraient guère d'ailleurs gêné le président de la France, doté d'un pouvoir quasi monarchique.

Le problème était ailleurs, de l'ordre de l'idéologie : avec le travail sur l'époque de Vichy, le message de la Révolution traversait une crise et l'horizon révolutionnaire avait quasiment disparu du champ politique avec le dépassement du marxisme et la chute du communisme. Dix ans plus tôt, François Furet, le grand historien de la Révolution, avait déjà annoncé sa fin. L'exposition universelle aurait dû se tenir dans la banlieue est de Paris – où l'on a fini par construire un Disneyland. Mitterrand s'immortalisa tout de même dans le paysage parisien par la Très Grande Bibliothèque qui porte son nom et fit édifier l'Arche de la Défense ; leur inauguration le 14 juillet 1989 permit de célébrer décemment la Révolution.

Le 9 novembre de cette année mouvementée, la Guerre froide prenait fin avec la chute du Mur de Berlin.

Entre ces deux dates historiques, la Suisse fut le seul pays du monde à fêter, littéralement, le début de la Seconde Guerre mondiale. Les Suisses célébrèrent le cinquantenaire de la légendaire mobilisation, la « Mob », acte fondateur dont allait découler la société suisse de l'après-guerre. A cette occasion, ils sortirent une fois de plus tout le folklore militaire sous lequel la Suisse couvre depuis 1945 son idéologie du Réduit national, sa posture de hérisson et sa mythologie de la résistance. Les festivités mobilisèrent les masses populaires et engloutirent des millions de francs.

C'était l'époque où l'on jugeait opportun d'organiser à nouveau une exposition nationale. La « Landi » de 1939 avait été un instrument-clé de la défense spirituelle. Elle avait glorifié la Suisse et son armée défensive. Un quart de siècle plus tard comme prévu, et en Suisse romande pour respecter la proportionnelle, l'Expo 64 à Lausanne célébra le boom économique et la haute conjoncture. On construisit la première autoroute du pays entre Genève et Lausanne. On autorisa des présentations critiques de la Suisse moderne. Mais le mythe restait entier, le pays sûr et sûr de lui. Le public se pressa pour voir un film spectaculaire tourné par l'armée.

Vingt-cinq ans après, il n'y a pas eu d'Expo 89 en Suisse. Mais la presse mondiale et les télévisions parlaient plutôt du Platzspitz zurichois, ghetto de la drogue « unique en Europe » et en diffusaient les images avec un malin plaisir : des toxicos crevant à deux cents mètres de la fameuse Bahnhofstrasse, ce paradis des banques où les machines à laver l'argent sale tournaient, disait-on, à plein régime. La seule réforme à laquelle le pays avait pu se résoudre et qui faisait la une dans le monde, c'était l'installation de locaux d'injection et la distribution gratuite de drogue.

L'année 1989 fut néanmoins mémorable en Suisse.

Elle débute par un retrait fracassant. Le 12 janvier 1989, Elisabeth Kopp abandonne sa fonction de ministre de la Justice. Elle a été la première femme à être élue au gouvernement, treize ans après l'octroi du droit de vote aux femmes. Mais, quatre ans après son élection, un coup de fil à son mari, l'avocat Hans Kopp, pour l'informer d'une procédure judiciaire à propos d'un délit de blanchiment d'argent, lui est fatal. C'est après cette affaire qu'éclate le scandale des fiches – la police politique de ce pays avait réuni près d'un million de dossiers personnels sur des Suisses et des étrangers. Les fiches détaillaient les voyages en Europe de l'Est, la participation à des manifestations et les opinions politiques. Cette surveillance maniaque, par ailleurs fort peu professionnelle, illustrait l'état mental de la Suisse au cours de la Guerre froide. Même les intellectuels les plus délirants, avec leurs théories sur la répression et la conjuration, n'imaginaient pas que l'obsession était allée si loin. Charlie Chaplin fut observé pendant toute la durée de son séjour en Suisse, où il était venu pour échapper à la chasse aux communistes menées par McCarthy, et son dossier resta ouvert et fut même complété après sa mort.

Au mois de juin ont lieu dans les pays voisins les élections au Parlement européen au suffrage direct. Jean Ziegler est un des rares intellectuels suisses qui s'intéressent à cette question. Il en espère des réformes sociales et politiques dont n'est pas capable le système fédéral. Dans *La Suisse lave plus blanc*, ouvrage publié en 1990 et qui lui vaut une série de procès ruineux (Hans Kopp lui-même l'a assigné en diffamation à Paris), il écrit : « J'assiste aux élections européennes la rage au cœur. Sous mes yeux, l'Europe se construit, lentement, difficilement, mais sûrement. Elle reçoit aujourd'hui sa légitimité par le vote populaire. Une Europe unie, ancrée fermement sur le socle du suffrage universel, de la délégation, de la volonté générale… Mais la Suisse, patrie de Rousseau, n'y participe pas. L'Emirat helvétique refuse obstinément de se joindre à l'Europe. Je me sens pareil au nègre de la brousse : je suis les débats, les arguments, les joutes politiques, j'écoute, je vois… Je sais que mon destin se joue là, dans ces affrontements, ces débats. Et j'en suis exclu. Quelle absurdité ! »

A l'époque la Suisse n'a ni perspective ni politique européennes mais, à titre de concession à la minorité francophone du pays, elle participe pour la première fois en 1989 au Sommet des Etats francophones et entre comme membre à part entière dans leur organisation. Il s'agit là, nous l'avons vu, d'une mesure de pacification, suite à une campagne de *L'Hebdo*. On peut y voir une réaction aux changements radicaux de la situation mondiale, une réflexion sur la neutralité et le début d'une nouvelle politique étrangère plus active.

En Suisse aussi, l'année 1989, qui voit la fin du monde de l'après-guerre, se termine sur un tremblement de terre politique.

Trois mois après les festivités autour du jubilé de la Mob, trois semaines après la chute du Mur de Berlin, on vote sur l'abolition de l'armée. Lancée au début de la décennie par quelques centaines de personnes influencées par le mouvement de la paix allemand, l'initiative est vite devenue le réceptacle des protestations contre l'immobilité du système suisse qu'il semble impossible de réformer. C'est une attaque frontale contre son symbole et son principe organisateur – et personne ne croit à son succès. On y voit une utopie pacifiste, où se reflète tout le malaise suisse.

Comme avant toute votation, les débats sont chauds. A Zurich, des personnalités politiques de la droite bourgeoise prétendent interdire la représentation de la dernière pièce de Max Frisch, dont le thème est l'armée ; son titre : *Jonas et son vétéran, un palabre ;* c'est une immixtion abusive dans la campagne qui précède la décision du peuple ! Comme cette censure n'aboutit pas, l'ancien conseiller fédéral Rudolf Friedrich traite l'auteur de « mort spirituellement, si ce n'est de fait ». Le dialogue entre le pouvoir et les intellectuels, qui presque tous prennent le parti de Max Frisch et votent pour l'abolition de l'armée, est au niveau le plus bas jamais atteint depuis la chasse aux sorcières des années 1950 contre ceux qui avaient des sympathies pour les communistes. Konrad Farner, historien d'art marxiste, a subi cette haine sous la pire des formes. Le peintre Hans Erni et le chef d'orchestre Hermann Scherchen furent aussi mis au pilori ; le cabarettiste Alfred Rasser ressentit les effets de l'intolérance anticommuniste et anti-intellectuelle après son voyage en Chine. Il était même alors impossible pour les quelques députés du Parti du Travail de trouver une chambre d'hôtel à Berne.

Voilà une des raisons pour lesquelles la gauche en Suisse, qui a été fort peu critique des régimes totalitaires en Allemagne de l'Est et dans le tiers-monde, ne sera pas sujette au repentir et à l'autocritique après la chute des régimes socialistes d'Europe de l'Est. Elle combat l'armée de son propre pays – aussi absurde et myope que cela paraisse après le réveil des violences qui ravagent l'ex-Yougoslavie. Elle persiste dans le sentiment de jouer un rôle pareil au mouvement des dissidents dans les pays totalitaires, et ressort des votations du 26 novembre 1989 avec une conscience nouvelle. En effet, plus d'un million de citoyens de ce pays approuvent la «Suisse sans armée», ce qui représente plus du tiers des votants. Le système suisse n'a pas été remis aussi fondamentalement en question depuis bien longtemps ; les résultats dépassent de loin les espoirs les plus téméraires des initiants. Ceux-ci, sûrs d'être sur la bonne voie, relanceront par conséquent, dix ans plus tard, dans un tout autre contexte, l'idée de l'abolition de l'armée suisse. Mais celle-ci, depuis lors, aura fait l'objet de réformes radicales et n'est plus depuis longtemps une vache sacrée. L'affaire des fiches a fait perdurer la guerre froide dans bien des crânes de gauche.

L'année 1989 transforme rapidement et radicalement le camp bourgeois, avec le retrait d'Elisabeth Kopp, la chute du bloc de l'Est et le succès sensationnel de ceux qui s'opposent aux structures mêmes de leur propre pays. Le bloc bourgeois perd l'Est comme ennemi traditionnel, et sa cohésion. 1989 marque ainsi la naissance d'une droite musclée dans l'opposition, à droite du gouvernement, autour de Christoph Blocher. Tout comme la gauche, Blocher prolonge la Guerre froide. Il la mène sur deux fronts, vers le passé et contre l'entrée dans l'Europe. En 1992, lors des débats sur l'entrée de la Suisse dans l'Espace économique européen, il appelle à se battre pour une Suisse libre. Les débats animés ne creusent pas seulement le fossé entre les diverses parties du pays, ils divisent aussi profondément le camp bourgeois. Un bloc national s'en détache au cours des années 1990, qui englobe toutes les fractions extrémistes de droite, les partis xénophobes et les mouvements populistes autour de l'UDC zurichoise. Cette Nouvelle Droite n'est pas présente comme telle au gouvernement fédéral, bien que l'UDC, parti composite, y soit représentée par un membre non blochérien, mais elle a les moyens de regrouper autour d'elle des majorités et de gagner des votations. Elle fait référence à l'image idyllique de la Suisse dans un contexte d'unité nationale, comme durant la dernière guerre, cohésion qu'elle met pourtant en question avec sa politique ultralibérale qui n'a aucun égard pour le consensus et les minorités.

BOYCOTT

Les gens de gauche et les intellectuels suisses se sont sentis d'autant moins tenus, à la différence de leurs collègues européens, de réviser leurs rapports avec le marxisme et le totalitarisme que l'affaire des fiches semblait confirmer que la Suisse, depuis 1945 au moins, était un Etat policier fascistoïde au sein duquel il fallait non seulement susciter une opposition, mais une résistance. En 1991, alors que la Suisse allait commémorer le 700ᵉ anniversaire de sa fondation sur la prairie du Grütli, des centaines d'artistes répondirent à l'appel au boycott lancé par l'hebdomadaire alternatif *Wochenzeitung*. Les sympathisants de cette « grève de la culture » traitèrent de manière peu délicate ceux qui ne voulaient pas s'y associer. Des artistes qui travaillaient depuis longtemps à un projet furent insultés par des collègues qui vivaient en fait de prix, de bourses, d'années sabbatiques et de mandats des pouvoirs publics. Lors des Etats généraux de la culture qui lancèrent le boycott, Otto F. Walter constata que la politique de ce pays était bloquée. La seule chose qui y fonctionnait était l'aliénation, selon lui : citoyens lambda, nous nous identifions socialement au pouvoir et nous adoptons son point de vue. L'économie de marché a vaincu le stalinisme, ajouta-t-il, et détruit aujourd'hui la démocratie libérale. Les passages helvétiques de son discours sombre et pessimiste se bornaient à réclamer la défense des droits constitutionnels fondamentaux, menacés par le centralisme de Bruxelles, ce nouveau fantasme de nombre d'intellectuels alémaniques de gauche et alternatifs.

Le colloque avait pour titre *Welche Schweiz braucht die Kultur ?* (De quelle Suisse la culture a-t-elle besoin ? ou quelle Suisse a besoin de la culture ?), et ce n'était pas simple provocation ironique. La culture ne peut se reconnaître évidemment aucune fonction, aucune tâche mieux que celle de trouble-fête, refusant même de « livrer une critique constructive mettant un grain de sel dans la soupe du jubilé », écrivait Niklaus Oberholzer dans le *Vaterland*. On peut aussi concevoir ce refus comme une réponse à la police fouineuse, qui soupçonnait en permanence derrière les activités démocratiques, culturelles et créatives légales, de la subversion et de la traîtrise. Quitter simplement la Suisse n'était pourtant pas une réaction adéquate au scandale des fiches : lorsque l'élite politique n'est plus à la hauteur, ce n'est pas une raison pour la classe culturelle de suivre son exemple et de se délier des responsabilités.

En fin de compte, tout ce bruit autour du boycott n'était qu'une diversion qui arrangea plutôt tout le monde. La production de livres sur l'année du jubilé fut d'une pauvreté attristante, ni les politiciens ni les écrivains n'offrirent de projets, moins encore de visions. Personne n'avait quoi que ce soit à dire au sujet de la Suisse. Le boycott, qui nourrit l'illusion d'un conflit, pouvait même tromper quelque peu sur la profondeur de la crise de l'Etat et la crise d'identité. Dans cette désorientation générale, les festivités CH-91 furent jugées prématurées. Nombre d'intellectuels éclairés jugeaient qu'il n'y avait pas de raison de fêter le serment du Grütli mais qu'il fallait attendre l'anniversaire de 1798 pour commémorer la constitution de l'Helvétique importée de France, qui a garanti au pays le respect des droits de l'homme. Ou même 1848, date de fondation de la Suisse moderne, un Etat éclairé, progressiste, libéral, courageux et généreux. Dans la Suisse de 1848 s'affirmèrent les idées avancées du 19e siècle. Depuis lors, les rapports de forces étaient restés inchangés, ce qui avait assuré une continuité de consensus et de compromis, et sans guerre. En 1991, certains optèrent donc pour 1998, même avec des réserves : les 150 ans de l'Etat fédéral, les 200 ans de l'Helvétique apporteraient bien plus sur le plan intellectuel et politique.

Le boycott, en faveur duquel s'exprimèrent plusieurs organisations, était un projet suisse alémanique. Presque aucun intellectuel romand ou tessinois n'y participa. *Ecriture,* la revue littéraire publiée à Lausanne, publia un cahier spécial à l'occasion du jubilé, *La Suisse et moi – moi et la Suisse*, avec des contributions de trois régions du pays. Pour le Suisse alémanique Matthias Zschokke, le seul point commun entre les quatre cultures réside dans le fait que personne n'y prend les intellectuels au sérieux. Kurt Marti exprima sa mauvaise conscience face à la littérature suisse romande : il n'avait rien lu d'elle depuis trente ans. Seuls les écrivains les plus âgés exprimèrent un regret et l'impression qu'il faudrait mieux connaître les autres littératures. Pour les plus jeunes, la problématique de la Suisse n'offre plus aucun intérêt. Personne ne se plaignit de son étroitesse, et les Suisses romands avaient des formulations encore moins politiques : «Etre Suisse, écrivait Roger Favre, c'est être à la fois partout et nulle part, mais avec de fortes racines ici.»

Friedrich Dürrenmatt et Max Frisch étaient décédés depuis peu, le premier en décembre 1990, le second au printemps 1991 ; a posteriori, le boycott culturel semble avoir été aussi un travail de deuil. Les métaphores apocalyptiques étaient alors de mise. Lors d'une visite du président tchèque Vaclav Havel, Dürrenmatt, peu avant sa mort, décrivit la Suisse comme une prison peuplée de détenus volontaires – ce qui dut sembler étrange à Havel, président d'un pays récemment libéré du communisme, probablement l'un des seuls auditeurs de Dürrenmatt ce jour-là qui ait connu la prison comme intellectuel et comme dissident dans un régime totalitaire. La dissolution de la Suisse et des visions de fin du monde étaient à la mode en cette année de commémorations. Jean Ziegler jouait les oracles en annonçant que «la Suisse n'existerait plus en l'an 2010». Ce pays voué à la disparition aurait le même sort qu'un morceau de sucre dans l'eau, disait de son côté Dürrenmatt. La crise du sens culmina à l'Exposition universelle de Séville en 1992 : le pays s'y afficha officiellement sur le thème «La Suisse n'existe pas». Ce n'était pas une référence à la multiplicité des Suisses et de leurs cultures, mais l'annonce d'une autodissolution, l'un des leitmotive de ces années-là. Le pays se présentait détruit et honteux à un public qui ne pouvait pas l'aimer.

L'Union européenne avait annoncé pour 1992 la levée des barrières dans le marché européen, où elle provoqua une euphorie inouïe. Au moment où l'on votait en Suisse sur l'entrée dans l'Espace économique européen, l'Europe retrouvait l'optimisme avec de nouveaux horizons politiques, après un demi-siècle de guerre froide. L'ambiance lugubre qui régnait alors en Suisse alémanique fortifia le soupçon d'une prétendue sécession de la Suisse romande. Certains hommes politiques européens ne purent réprimer une joie maligne face à la crise d'identité de « la plus vieille des démocraties ». Gianni de Michelis, ministre des Affaires étrangères d'Italie, qui allait être entraîné dans le scandale lié à Benito Craxi et à son gouvernement socialiste, abandonna toute retenue diplomatique en recommandant d'un ton arrogant à la Suisse d'entrer rapidement dans l'Europe : « La voie de l'isolement est extrêmement dangereuse. Elle pourrait avoir des conséquences désastreuses pour l'existence même du pays. Si la Suisse reste à l'extérieur, elle court le risque de se faire déchirer par les forces centrifuges alentour. La non-intégration à l'Europe pourrait conduire à sa désintégration. »

LA DETTE ENVERS LE PASSÉ

Si l'histoire accélérait son rythme en Europe, elle semblait s'immobiliser en Suisse. « Nous voyons aujourd'hui qu'il peut y avoir des désavantages d'avoir été épargnés, commentait l'historien Jean-Rodolphe von Salis. Heureusement nous avons été épargnés. Mais la mentalité des peuples peut changer en raison des guerres. En Suisse, la mentalité n'a pas changé depuis 1918. Les Suisses ne se considèrent pas comme une partie du monde. Ils ont un grand retard en matière de politique étrangère et de réflexion sur les relations entre la Suisse et le monde. Ils ont pris congé de l'histoire. »

Or l'histoire opéra son retour, au début des années 1990, dans les banques et les assurances de Lugano, Zurich ou Genève, sous les traits de juifs âgés d'Europe de l'Est ou de leurs descendants, des personnes dont les pères avaient eu la « bêtise », dans les termes de Georges-André Chevallaz, de croire au secret bancaire, à l'honnêteté de leur banquier et à la défense armée de la Suisse, dont les coffres étaient en effet restés fermés à Hitler. L'ouverture des frontières et des archives permettait à ces personnes de se mettre à la recherche de leurs biens familiaux disparus. Ils n'avaient pas grand-chose en mains. Beaucoup d'entre eux furent rembarrés froidement. Comme bien des comptes étaient encore ouverts, les gestionnaires de fortune ne voulurent pas admettre les requêtes, ou pas encore. Les banquiers faisaient la sourde oreille à leur conscience. Mais l'esprit du temps annonçait une nouvelle relation de la Seconde Guerre mondiale et la Shoa, et pas seulement en Amérique.

Le personnel politique ne réagit pas avec plus de délicatesse. Dans ce pays qui avait pompeusement célébré le cinquantenaire de la Mob en 1989, on faillit ne rien organiser en 1995 pour rappeler et fêter la libération de l'horreur nazie. Adolf Muschg tint un discours le 8 mai de cette année-là, disant que la Suisse «n'a jamais pris très au sérieux l'année 1945. Pour elle, ce n'était pas seulement la fin d'une guerre mais aussi la fin d'un monde – un monde de vérités consacrées qui étaient devenues des mots d'ordre. Un monde de bonne foi, qui avait conduit des hommes à Auschwitz, à Stalingrad et à Hiroshima, comme acteurs et comme victimes». La Suisse épargnée pense qu'elle n'est ni responsable ni victime : «Que les autres apprennent à maintenir la paix. Nous le faisions – et nous sommes surtout en paix avec nous-mêmes.»

Ce n'est qu'à la dernière minute qu'une cérémonie officielle fut organisée pour le 8 mai 1995. Alors qu'en France le nouveau président, Jacques Chirac, reconnaissait pour la première fois la coresponsabilité de l'Etat dans les crimes commis sous le régime de Vichy, Kaspar Villiger, président de la Confédération helvétique, donnait à son discours un tout autre ton : «Il ne fait aucun doute pour moi que nous avons commis une faute avec la politique adoptée à l'égard des juifs persécutés. La peur de l'Allemagne, la crainte de l'"*Ueberfremdung*" suivant l'immigration de masse et le souci de l'avancée politique de l'antisémitisme, qui sévissait aussi dans notre pays, ont pesé souvent plus que notre tradition d'asile, que nos idéaux humanitaires. L'Allemagne a introduit le tampon J pour les juifs par complaisance envers la Suisse, qui l'a accepté en octobre 1938. Nous avons fait alors un mauvais choix, dû à un intérêt national mal compris.» Aucun homme politique suisse n'était encore allé si loin. «Le Conseil fédéral regrette cela au plus haut point, et il présente ses excuses, sachant que cette erreur reste impardonnable.» La Suisse remercia explicitement les Alliés pour leur engagement, envoyant un conseiller fédéral à chacune de leurs commémorations. Au mois d'août 1995, on renonça sagement à commémorer le cinquantenaire de la démobilisation.

Mais Kaspar Villiger n'avait fait allusion dans son discours ni à l'or des nazis, ni aux fonds juifs. Une plainte collective fut déposée par un groupe d'avocats américains parce que les demandes individuelles n'avaient pas abouti. Bien avant que la presse suisse ne s'empare de la question, la presse internationale s'en était fait l'écho. L'opinion publique suisse s'émut lorsque se précisa la menace de boycott de la part du Congrès juif mondial, en soutien aux survivants déboutés et à leurs familles. On prétendit longtemps qu'il ne pouvait y avoir de culpabilité, puis l'on n'admit seulement ce qui avait été reconnu depuis longtemps.

Les choses se sont alors précipitées, avec la création du Fonds de l'holocauste et l'idée de la Fondation Suisse solidaire. Pour examiner scientifiquement les reproches, le Conseil fédéral institua une commission d'historiens dirigée par Jean-François Bergier. Après la Confédération, ce fut au tour de la Croix-Rouge de faire son autocritique. Les banques et les assurances enfin se déclarèrent prêtes à négocier la restitution des fortunes de juifs assassinés, dont on avait d'abord dit qu'elles étaient mythiques, et elles payèrent leur dû. Les autorités réhabilitèrent des personnes qui s'étaient jadis mieux comportées que la majorité des gens, et qui avaient été condamnées pour cela, un Peter Surava ou un Paul Grüninger.

Parallèlement à ces initiatives officielles, la période de la guerre fut aussi l'objet de recherches dans d'autres domaines, notamment la culture. Des écrivains avaient dénoncé à la police des étrangers des collègues qui avaient pu se réfugier en Suisse, et ils avaient cherché à empêcher qu'on leur octroie des permis de séjour. Reconnaissons toutefois que la Société suisse des écrivains (SSE) a entamé très tôt son autocritique, volontairement et sans pression extérieure. Son secrétaire central, Otto Böni, réagit à la reprise de la polémique en 1997 : «On sait que la SSE défendit trop étroitement les intérêts syndicaux de ses membres et que cela la mena à jouer un vilain jeu. Mais il serait équitable de citer aussi les nombreux cas où l'organisation apparaît sous un autre angle.»

D'ailleurs, «bien que la SSE ait collaboré avec empressement avec les autorités, elle a été régulièrement fichée depuis 1945».

Dans son ouvrage *Germanistik und Politik*, Julian Schütt étudie les professeurs de langue et civilisation allemandes en Suisse, dont il démontre les affinités idéologiques avec l'Allemagne nazie et l'acquiescement rapide à la nouvelle situation. Le germaniste Emil Ermatinger se laissa vite prendre aux rets de la propagande hitlérienne. Le *Völkischer Beobachter* cita en première page son discours tenu en 1937 à Eisenach. En 1939, il rééditait son livre de poétique, *Das dichterische Kunstwerk*, en le truffant d'attaques antisémites de la pire sorte. Quant à Emil Staiger, grande figure de la germanistique de l'après-guerre, il avait fait partie, comme jeune enseignant, du groupe zurichois du Front national. Son livre *Dichtung und Nation*, paru en 1933, témoigne de son enthousiasme pour les nazis. En 1936, il reprocha à Thomas Mann son engagement en faveur de la littérature de l'exil.

Staiger reçut en 1966 le prix littéraire de sa ville natale. C'est là qu'il tint un discours qui fit éclater à Zurich une querelle littéraire avec Max Frisch. Selon Staiger, les œuvres contemporaines «regorgent de psychopathes, de criminels, d'horreurs de grand style et de perfidies finement pensées». Dans l'*Oratorio d'Auschwitz* de Peter Weiss, Staiger voyait des personnages interlopes dans des lieux glauques. Le concept d'art dégénéré ne lui faisait pas peur. Le prophète de «l'interprétation immanente à l'œuvre» – approche apolitique – se remit à la politique active peu avant l'insurrection estudiantine, la levée des enfants contre le passé des pères, et il s'est révélé le champion de l'esthétique propagée par les régimes totalitaires.

Le passé brun d'Emil Staiger n'était guère connu du public et totalement ignoré des étudiants qui écoutaient ses cours dans les années 1970. Son élève Peter Szondi lui a demandé des comptes par lettre; après avoir hésité à y répondre, Staiger a défendu le nazisme comme «réaction extrême à un extrême». La querelle littéraire zurichoise «n'a pas suscité de réflexion autocritique sur le passé professionnel suisse», écrit Julian Schütt dans l'introduction de son étude, qui comble ce déficit trente ans plus tard.

Plus encore que les germanistes, les psychiatres ont refoulé leur passé collectif. Ernst Rüdin, fanatique de l'hygiène raciale qui eut de hautes responsabilités dans un ministère du Reich, était suisse, tout comme Leonardo Conti. Leurs noms ont disparu des études contemporaines. Conti, fils d'un employé tessinois (la famille de sa mère venait d'Allemagne), né en 1900, devint le premier médecin des SA à Berlin, entra chez les SS en 1930 et fonda l'association des médecins nazis dans le *Gau* de Berlin. En 1939, il fut nommé secrétaire d'Etat à la santé ; à ce titre, il fut responsable de la liquidation des malades psychiques. Il se suicida en 1945 à Nuremberg.

Le canton de Vaud a été avant-guerre un pionnier de la « stérilisation des faibles d'esprit » ; une délégation du Reich s'y rendit en visite d'information. La politique de la santé était fortement influencée par Auguste Forel (celui des billets de 1000 francs). Selon le journaliste Mohammad Farrokh, Forel « est considéré par nombre d'historiens, et non des moindres, comme un précurseur du génocide des malades psychiques ». Mais la Suisse et ses « élites bourgeoises » – qui selon la conseillère fédérale Ruth Dreifuss s'étaient montrées plus disposées à collaborer que les autres couches sociales – ont eu la grande chance d'échapper au pire.

Depuis que la Suisse s'est vue contrainte de regarder en face la vérité sans fard de ses années de guerre, une image précise et nuancée de son passé se met en place. Quel que soit le jugement moral que l'on porte sur son comportement et ses refus, la bonne conscience n'était pas l'attitude à prendre après 1945. La Suisse ne doit certes pas comparaître collectivement devant un tribunal de guerre, mais les légendes et les mythes de l'après-guerre ont été démentis. La crise des années 1990 a été le prix fort payé par une vieille nation pour avoir refoulé ses responsabilités, et elle ne s'est pas encore totalement libérée du coup qui lui a été porté par ce retour de l'histoire. Mais elle s'est attelée à alléger la pression du mensonge collectif qui pesait sur le pays – ce que l'on avait qualifié par euphémisme de « malaise ».

En 1998, il était visiblement trop tôt pour fêter par un bilan et de nouveaux projets le 150e anniversaire de la Confédération.

Mais le besoin d'une nouvelle exposition nationale s'était fait sentir au long de ces années où l'on avait subi récriminations et chantages. La manifestation fut d'abord fixée à 2001 puis repoussée à 2002, faute d'idées et de convictions. Avant cette contribution à un renouvellement du sens de la Suisse et de sa mission au troisième millénaire, l'invitation qui lui fut adressée d'être hôte d'honneur de la Foire du livre de Francfort, à l'occasion de l'anniversaire de 1848, a permis une certaine prise de conscience. Les vaillants Helvètes y présentèrent non pas quatre mais cinq littératures du pays : en plus des écrivains des quatre langues nationales, on envoya aussi à Francfort les auteurs vivant en Suisse mais écrivant dans d'autres langues. Cent cinquante hommes et femmes de lettres s'y rendirent, quatre fois plus nombreux que pour la France en 1989. Toute la bande des écrivains critiques qui avaient boycotté les festivités du 700e anniversaire de la Confédération en 1991, défilèrent à Francfort sous la bannière rouge à croix blanche à la recherche d'une nouvelle identité. Seul Paul Nizon refusa l'invitation et s'y rendit aux frais de son éditeur. «La Suisse est le pays du livre par excellence, avec ses éditions, ses imprimeries, sa densité de journaux, le nombre des titres, la présence de libraires, déclarait Iso Camartin, responsable du choix des auteurs. On écrit en Suisse plus que dans les autres pays.» En automne 1998, finies les jérémiades sur l'étroitesse helvétique. Camartin s'extasiait sur la «littérature incroyablement riche et passionnante dont nous pouvons faire étalage». Pourtant, à l'époque de Frisch et de Dürrenmatt, alors que cette littérature était lue dans le monde entier, pareille euphorie n'était pas de mise. «La littérature suisse est une des plus vivantes que je connaisse. Nous pouvons aller fièrement à Francfort.» Les écrivains étaient-ils devenus les précurseurs d'un changement d'ambiance dans une Suisse malmenée ?

On peut ne pas partager l'enthousiasme de Camartin devant l'abondance de nouvelles publications, mais il n'y a pas lieu de craindre une dégringolade de la littérature suisse après Frisch et Dürrenmatt. Pendant une brève période, on s'était demandé qui allait prendre la relève, et voilà que leurs petits-enfants prennent la plume et affirment une nouvelle littérature, un nouveau rapport à la littérature.

Au milieu des années 1990, alors que la Suisse est rattrapée par son passé et qu'on commence tout juste à l'examiner de près, la littérature abandonne la critique sociale. «Elle a donné», bien avant d'autres disciplines. Les tensions entre les intellectuels et le pouvoir se sont atténuées au cours de cette réflexion historique. Les deux intellectuels les plus engagés dans les débats sur les dettes de guerre, Jean Ziegler et Adolf Muschg, sont les seuls à provoquer encore des réactions.

Même l'armée n'est plus un tabou. On peut quasiment tout écrire en Suisse – et malheureusement, c'est ce qui se fait. La critique sociale est passée d'une approche historique et politique à une problématique purement privée, narcissique et exhibitionniste. La subversion littéraire s'est épuisée. Jusqu'en 1989 au moins, on était considéré comme traître si l'on voulait changer le système; depuis lors, peut-être renforcé par ses propres faiblesses, le système semble tout avaler. Impossible de ne pas ressentir de la nostalgie en songeant aux luttes de naguère.

Un livre important porte toutefois sur le passé récent, c'est *Double* de Daniel de Roulet. L'écrivain y reconstruit sa biographie à partir des trois kilos de données conservées sur lui dans les dossiers de la police fédérale. Avec grand art, il entremêle son histoire avec celle du Fritz Zorn de *Mars* et de Werner Sauber, d'une famille suisse propriétaire d'une écurie de Formule 1, membre du mouvement terroriste du 2 Juin, tué par la police à Cologne. Daniel de Roulet réussit là où Max Frisch avait échoué: c'est la première réflexion sur le scandale des fiches.

Revenons, avant d'en finir, à l'importance qu'a eue la Guerre froide pour la Suisse, et combien ses effets sur la vie intellectuelle du pays ont été durables. Les Alliés oublièrent que juste après la guerre ils souhaitaient faire de la Suisse un rempart de la nouvelle alliance contre le communisme soviétique et que sa neutralité, en cas de doute, devait être pro-américaine. Les mythes de la défense spirituelle du pays s'en prirent à un nouvel ennemi, le communisme, et s'adaptèrent à une vision du monde légèrement différente, les questions délicates étant repoussées à plus tard. L'opposition au commerce avec l'Est s'exprima plus fort que celle à la collaboration économique avec les nazis.

Lorsqu'éclata la crise de Cuba en 1962, l'on put craindre que la Guerre froide ne se transformât en un conflit armé et que l'arme atomique ne fût utilisée. En Suisse, dans les supermarchés, on en vint aux mains pour les derniers kilos de sucre, réserves de guerre recommandées, voire prescrites à la population par le gouvernement. Depuis lors, toute personne qui construit une maison a dû y prévoir un abri antiatomique aux murs épais. Peu de temps après, le Conseil fédéral distribua à tous les ménages le petit livre rouge de la *Défense civile*, catalogue de clichés censé préparer idéologiquement la population à une situation de crise, même en un temps de paix comme celui-là. Chaque Suisse est soldat, chaque étranger un ennemi potentiel. Tout critique encourt un soupçon de subversion et de défaitisme – ergo : les intellectuels sont des traîtres. Ce catéchisme, tirée à des millions d'exemplaires, fondait la défense spirituelle au temps de la Guerre froide. Son auteur principal était l'écrivain et officier valaisan Maurice Zermatten. Nombre de ses collègues de la Société suisse des écrivains protestèrent contre sa collaboration. Vingt d'entre eux quittèrent la SSE en 1969 et fondèrent à cette occasion une nouvelle association, le Groupe d'Olten.

On était encore en pleine Guerre froide quand l'écrivain Bernard Comment quitta la Suisse. A son retour douze ans plus tard, dans un pays en plein mouvement, il voulut comprendre ce qui faisait sa cohésion. C'est alors qu'il tourna avec le réalisateur Bertrand Theubet, qui avait travaillé avec Jean-Luc Godard et Michel Soutter, le documentaire *Le pied dans la fourmilière* (TSR 1998, Arte 2000).

Ce retour à la mère patrie conduit notre héros dans le passé et sous terre. Comment et Theubet nous emmènent visiter les forteresses souterraines creusées dans toute la région alpine : il y en aurait plus de 20 000, dont la moitié ne servent plus. Chaque col peut être condamné, chaque sommet est sous contrôle. A quoi cela sert-il de défendre des pierriers inhabités à trois mille mètres d'altitude ? Selon un haut gradé de l'armée, c'est pour préserver l'identité de la Confédération fondée sur des vallées qui ne sont reliées que par des cols. Le Réduit alpin au cœur de la Suisse, que le général Guisan affirmait vouloir défendre en priorité en cas d'attaque allemande, n'est pas un mythe, c'est la réalité des couloirs souterrains qui vont de Sargans à Saint-Maurice, du Rhin au Rhône.

Le film de Comment et Theubet montre des images fantomatiques d'un hôpital abandonné aux deux tiers, équipé de cages pour les expériences sur des animaux et d'une morgue, approvisionné en eau, en électricité, en air. Il ne dépend du monde extérieur que pour la nourriture. L'Etat a des réserves alimentaires de base suffisant à nourrir ses sept millions d'habitants pendant six mois, sans compter les réserves des ménages privés. Lorsqu'éclata la première guerre du Golfe en 1990 – elle provoqua des entorses à la neutralité, puisque la Suisse autorisa les Américains à survoler son espace aérien –, la chasse aux réserves reprit de plus belle, bien que cette guerre ne menaçât en rien l'approvisionnement du pays. La volonté de survie est une névrose typiquement suisse : pour chaque habitant, il faut une place dans un abri antiatomique, selon une ordonnance des années 1970. Sur le Sonnenberg, près de Lucerne, une installation gigantesque pour 7000 personnes a été construite, y compris douze cellules de prison. En 1987, on testa la fermeture des portes qui pèsent chacune 350 tonnes. L'opération prit huit heures. Comment et Theubet ont pu tourner leur film parce que la doctrine de la défense militaire et civile du pays s'est assouplie depuis qu'on regarde le passé en face. C'est en 1989 que l'obligation du secret a été allégée.

ENGAGEMENTS DANS LE PRÉSENT

Dix ans après la chute du mur de Berlin, quatre ans après les cérémonies commémoratives de 1945, l'Europe était à nouveau le théâtre d'une guerre. L'intervention de l'OTAN au Kosovo devait tirer un trait sur le passé – contre les épurations ethniques, contre un dictateur en qui l'opinion publique voyait une résurrection d'Hitler. En Suisse, où dix ans auparavant la première initiative pour l'abolition de l'armée avait connu un tel succès, cette guerre provoqua des débats douloureux au sein de la gauche.

En Suisse romande, un éditeur et un écrivain s'affrontèrent publiquement. Vladimir Dimitrijevic, fils d'un nationaliste serbe emprisonné de longues années par Tito, était arrivé en Suisse comme réfugié, sans passeport. Il obtint son premier permis de travail comme footballeur professionnel du F.C. Granges, qui jouait alors en ligue A. Plus tard, il fonda à Lausanne les éditions de l'Age d'Homme, qui accueillirent la nouvelle littérature francophone de Suisse tout comme des classiques et des traductions. L'Age d'Homme s'inscrivit dans la meilleure tradition romande et servit de plaque tournante exemplaire aux échanges culturels européens, des pays de l'Est à la France. Mais après l'éclatement de la Yougoslavie, Dimitrijevic a fait malencontreusement de ses éditions un outil de propagande proserbe. Milosevic et Karadjic devinrent des auteurs maison. Pour beaucoup d'auteurs qui auraient eu des difficultés à trouver un autre éditeur, l'activité politique de Dimitrijevic fut lourde à accepter. Mais en vérité, peu d'entre eux le quittèrent.

Le Genevois Yves Laplace, un des principaux représentants de la littérature suisse romande depuis un quart de siècle et l'un des rares à avoir un sens politique aiguisé, est publié chez de grands éditeurs parisiens. Il s'engagea contre Milosevic en écrivant deux livres dénonçant le soutien aux Serbes de Vladimir Dimitrijevic (*L'Age d'Homme en Bosnie*) et de l'écrivain allemand Peter Handke (*Considérations salutaires sur le désastre de Srebrenica*), contribution importante à la connaissance de la situation, jusqu'en France où le débat sur la Yougoslavie entre le pouvoir politique et les intellectuels a été porté plus loin que dans tout autre pays européen. Yves Laplace, qui a publié régulièrement des chroniques dans le quotidien *Libération*, est proche des positions antitotalitaires d'un Alain Finkielkraut et il a approuvé l'intervention de l'OTAN au Kosovo.

Les sociétés d'écrivains sont restées longtemps attachées à leurs convictions antimilitaristes, jugeant que le pacifisme était la meilleure garantie pour la paix. La SSE a condamné l'engagement de troupes de tous les camps. Pour le Groupe d'Olten, l'intervention a eu lieu trop tard. Le PEN suisse alémanique s'est refusé à tout commentaire sur le conflit. Faute de mieux, la plupart des écrivains ont conseillé à la Suisse d'agir comme elle sait le mieux faire : favoriser le dialogue, organiser des conférences pour la paix, apporter une aide humanitaire.

La diplomatie suisse a reposé pendant des décennies sur ses offres de «bons offices». Ceux-ci donnaient sens à la neutralité et ils étaient bien reçus dans le monde. Mais, durant les évènements de l'ex-Yougoslavie, ce n'était plus le cas. La Suisse n'avait plus servi de médiatrice dans aucun conflit important, n'avait plus organisé de conférence de paix depuis longtemps. La guerre à nos portes mit en évidence le caractère anachronique, intenable et égoïste du concept de neutralité. Le cabarettiste Franz Hohler, figure de proue du mouvement alternatif qui intervenait dans toutes les marches antiatomiques et manifestations pacifiques, ne voyait «aucune raison de se réjouir». «Mais que faire quand un dictateur extermine et déporte un peuple ? Rien, à part une guerre sur son terrain.» Le philosophe bâlois Hans Saner jugea que dans un avenir proche toutes les sociétés occidentales seraient aussi multiculturelles que la Yougoslavie : «Le moyen le plus économique pour sortir de la crise du Kosovo aurait été l'assassinat du tyran», mais il était trop tard : celui qui ne fait rien se rend coupable, et celui qui attaque risque de faire mourir des innocents. Jean Ziegler, qui approuva l'intervention de l'OTAN, trouva une formule frappante : «La neutralité est une honte». La volte-face de son camarade Andreas Gross, dont la carrière politique avait démarré avec la campagne pour l'abolition de l'armée, fut encore plus surprenante.

Ce n'est pas tant le fait que des ex-pacifistes, antimilitaristes et anticapitalistes se déclaraient prêts désormais «à mourir pour Dantzig», mais c'était l'effet des débats sur «Auschwitz en Suisse» et sur le partage de la responsabilité. Après la paralysie entraînée par l'affaire des fiches, qui confirmait l'hostilité des gens de gauche à l'Etat, ceux-ci ont quand même entamé un processus de réflexion antitotalitaire et anti-idéologique : ils ont dépassé les positions pacifistes passives en faveur d'une politique de l'intervention et de la lutte, au besoin violente, en faveur des droits de l'homme. Ce tournant spectaculaire est allé de pair avec un revirement de la ligne officielle. La guerre sévissait au

Kosovo, et la Suisse a bel et bien dépêché des soldats dans la région en crise. Pourtant, en 1994 encore, l'envoi d'un corps de casques bleus dans le cadre d'interventions de l'ONU avait été rejeté en votation populaire, malgré l'approbation des voix romandes. Mais depuis lors, une révolution culturelle a ébranlé la neutralité : intellectuellement, l'histoire de la Suisse de l'après-guerre a atteint le point zéro. Ou son tournant. La conseillère fédérale Ruth Dreifuss donnait à ses discours et interventions des accents politiques ; on savait qu'Adolf Ogi aurait vu volontiers des unités armées participer au maintien de la paix dans les Balkans. On ne vit pas cette fois-ci la population se ruer dans les supermarchés pour constituer des réserves alimentaires, et pendant la durée de la guerre le franc se maintint par rapport à l'euro. Le petit pays se mettait à respirer. Sa politique étrangère allait au-delà de l'offre de bons offices. La présence de la Suisse sur le théâtre des hostilités lui apporta plus que l'engagement du diplomate Thomas Borer pour piloter ses relations publiques aux Etats-Unis. La complicité dans la guerre et les dettes jamais réglées aux victimes d'Hitler avaient fait la première page des journaux ; désormais la presse pouvait parler positivement de la Suisse. « Dix pour cent de la population du Kosovo vit en Suisse » titrait *Le Monde*, incrédule. On avait finalement l'impression qu'après une décennie de turbulences le pays rattrapait l'actualité, plus vite même qu'on l'aurait imaginé. Au printemps 1999, grâce au Kosovo, la Suisse est revenue dans l'histoire sur la pointe des pieds.

Mais elle n'était pas au bout du cauchemar. Les conflits sur les biens en déshérence s'étaient provisoirement apaisés aux Etats-Unis. L'automne chaud commença par le retour d'un spectre qui hanta plusieurs jours la Suisse. Maurice Papon arriva en octobre, et lorsqu'on lui signifia une interdiction d'entrée sur le territoire, il s'y trouvait depuis belle lurette. Le vieillard était l'un des derniers à incarner les crimes de la collaboration avec les nazis, dont la Suisse était elle aussi accusée. Haut-fonctionnaire à Bordeaux, il avait participé à la déportation des juifs avant de devenir ministre après la guerre. Il a été condamné pour crimes contre l'humanité à dix ans de réclusion, et pour y échapper il s'est réfugié en Suisse, dans une région catholique conservatrice qui avait donné asile à plusieurs responsables du régime de Vichy après 1945. Ses avocats genevois cachèrent Papon d'abord en Valais, tout en échafaudant pour la presse et la police une piste grossière menant en Espagne. Mais la Suisse, qui venait de se réveiller du sommeil du juste, avait tiré des leçons du passé – ou du moins reconnu les signes du temps. Les autorités se hâtèrent de se défaire du fantôme. Pas de pardon pour Papon, retrouvé finalement à Gstaad. Le Conseil fédéral se réunit en séance extraordinaire ; pour éviter une longue procédure d'extradition, il se référa à l'article 70 de la Constitution alors en vigueur, qui autorise le renvoi immédiat d'étrangers qui compromettent la sécurité intérieure ou extérieure du pays – et qui s'appliquait bien à Papon dans le climat et le contexte d'alors. Place au spectacle : Papon fut livré aux Français et transféré dans un hélicoptère de la police française à Pontarlier, à une heure de grande écoute. Le prisonnier le plus âgé d'Europe allait devoir terminer ses jours en prison ; il a été libéré depuis lors pour raisons de santé. Grâce à la publicité donnée au dernier voyage de Papon en Suisse, personne ne pouvait plus reprocher au pays une quelconque affinité avec Vichy. La raison d'Etat l'emporta sur la primauté du droit, et le problème Papon fut rapidement réglé.

4

D'UN PREMIER AOÛT À L'AUTRE

UN PRÉDICATEUR EN POLITIQUE

Le 20 mai 1999, j'écrivais les lignes suivantes dans l'hebdomadaire zurichois *Weltwoche* : « La guerre au Kosovo semble avoir renoué les liens de notre pays avec l'histoire. Disons-le clairement à Monsieur Blocher, l'histoire n'est plus refoulée. La Suisse est un peu moins autiste et névrotique. En France, la défaite du marxisme a aidé les communistes à entrer au gouvernement. La récente victoire électorale de Blocher pourrait elle aussi annoncer un déclin idéologique de son mouvement. Osons ce pronostic téméraire. L'histoire suisse s'est remise en marche, Blocher n'incarne pas son avant-garde, c'est juste un député des derniers rangs. L'horloge européenne n'aura aucune mansuétude pour son retard chronique. »

L'automne suivant, Christoph Blocher sortait grand vainqueur des élections fédérales et l'UDC, son parti, devenait le parti le plus fort du pays.

Le peuple, puis la télévision sont ses médias d'élection. Il a toujours été suspect à l'élite du pays, même politique et économique, et traité comme un mouton noir. Il semblait clair depuis plus de dix ans qu'il n'accéderait jamais au Conseil fédéral. Mais ce fils de pasteur de campagne, d'une famille nombreuse, conservatrice jusqu'à l'obscurantisme, devenu un entrepreneur de dimension internationale, devient l'homme politique le plus influent, le plus puissant, le plus emblématique des années 1990.

Son succès tient largement à son art oratoire. Sa force dans les débats dépasse la moyenne. Blocher pratique un populisme tapageur auquel la fin de la Guerre froide n'a pas porté de coup mortel, et qui a rapidement trouvé d'autres cibles : bureaucrates, eurocrates, fonctionnaires et politiciens fédéraux, classe politique considérée comme une bande d'incapables, requérants d'asile parasitaires, et jusqu'aux Américains et aux juifs quand c'est devenu un enjeu politique.

Christoph Blocher incarne le non de la Suisse à l'Europe. Il disait non à l'ONU, refusant toute entorse au dogme de la neutralité et fidèle à l'idéologie du Réduit national. Son cas montre combien la question de l'ouverture de la Suisse est liée à la réflexion sur son passé depuis le milieu des années 1990. Cet attachement fanatique au « Sonderfall » se fonde sur une foi dans une Suisse qui ne s'est rendue coupable de rien, qui n'a rien à se reprocher. Et dont les recettes de jadis sont valables pour toute éternité. Blocher s'est affirmé en brillant nostalgique d'un régime et d'une idéologie désuets, dont le fonds de commerce électoral est le ressentiment des laissés-pour-compte.

Il serait erroné de réduire les motifs de Blocher à la seule soif de puissance et de richesse, bien que ce personnage contradictoire ne manque ni de l'une ni de l'autre. Capitaliste moderne, dont la carrière est étroitement associée à celle du financier Martin Ebner, Blocher joue sur la mondialisation ultralibérale tout en voulant protéger contre elle, politiquement, la patrie et non seulement le marché. Il cultive une approche folklorique de la culture, adore les tableaux intimistes d'Albert Anker, les géraniums sur les balcons, les fanfares du dimanche – qu'on ne touche pas à la patrie ! Ses origines protestantes auraient dû le prédestiner à l'amour du prochain et à la solidarité, à l'engagement pour les sans-droits, à la lutte contre la tartuferie et l'arbitraire des puissants, à l'ouverture au monde, au souci pour le bien commun. Ces soucis ne sont pas totalement étrangers à Blocher, qui est animé d'un zèle missionnaire et d'une volonté de réforme. Mais il ne se contente pas d'une classe d'école ni d'une paroisse : il prend la télévision pour chaire, le peuple tout entier pour ses administrés. Il est devenu à la fois l'homme politique le plus influent et l'opposant qui ne veut pas changer le système mais le préserver. C'est une posture exclusivement défensive. L'opposant Blocher ne veut rien bouger, il défend. Il met le pays en garde contre tout changement intérieur et contre toute attaque ou ingérence extérieures. Il se prend pour la conscience et le gardien d'une Suisse immaculée, évangile du seul prédicateur doué de la politique fédérale.

Avec ses fidèles, Blocher a fait du bon vieux Parti des paysans, artisans et bourgeois, alias agrarien, un parti moderne, l'Union démocratique du centre, qui ne représente plus seulement avec pragmatisme les intérêts contradictoires de ses électeurs mais intervient au niveau idéologique. C'est à Zurich qu'a commencé cette métamorphose d'un parti traditionnellement protestant en un mouvement populiste de masse. Zurich est resté le centre de ce populisme de quelques entrepreneurs richissimes, comme l'importateur automobile Walter Frey. Dans d'autres cantons, l'UDC a les faveurs de larges couches de la population, mais les différences de style et de contenu entre l'UDC zurichoise et ses sections bernoises ou vaudoises, bien plus anciennes et plus modérées, restent énormes.

Le phénomène Blocher a délibérément provoqué de fortes tensions dans son parti, en Suisse alémanique et dans tout le pays. Contrairement à ses confrères belges ou italiens, Blocher, avec l'arrogance d'un représentant de la majorité, ne s'en est jamais pris ouvertement aux minorités linguistiques et n'a jamais mis en question les vaches sacrées du fédéralisme, telle la péréquation financière. Cependant, au cours de sa montée en puissance, le fossé entre les régions latines et alémanique de la Suisse s'est creusé, quand la question européenne a joué un rôle central, mais c'est aussi parce qu'en Suisse romande la tradition du débat est différente.

En dépit de son idéologie, célébrant la défense spirituelle de la Suisse, Blocher n'a guère contribué au dialogue entre les cultures et à la cohésion nationale. Pour lui, mentalement, la Suisse s'arrête à la Sarine; plus à l'ouest, Blocher était largement inconnu il y a une quinzaine d'années encore, avant les débats sur l'Europe. Mais un rapprochement s'est manifesté en réaction aux attaques des Etats-Unis et l'antiaméricanisme s'est avivé à l'époque des reproches du Congrès juif mondial. Mais longtemps Christoph Blocher n'a pas percé parmi les francophones et son mouvement est resté un phénomène nettement alémanique.

LE SILLAGE DE BLOCHER

Lorsque le monde a demandé à la Suisse de faire son examen de conscience, cette exigence a mis hors de lui le fils de pasteur. Son non à l'Europe montre bien quelle Suisse l'intéresse, un pays replié sur lui-même, entouré d'ennemis, qui a été le seul au monde à résister héroïquement et qui ne doit rien aux Alliés, un pays qui n'a de comptes à rendre à personne ni d'argent à restituer à aucun juif.

Le premier août 1998, la Suisse ne commémora pas le 150e anniversaire de sa Constitution, comme l'invitation à la Foire du livre de Francfort en avait esquissé le prélude et comme on se l'était promis dans la confusion de 1991. Après une année de découvertes, de revendications et d'humiliations, le monde politique mobilisa toutes ses forces de résistance. Le conseiller fédéral Adolf Ogi réclama un Livre blanc, ses collègues ne lui cédèrent en rien, sans dissimuler pour autant les côtés sombres du passé helvétique. Adolf Muschg, auquel on n'avait pas pardonné son livre *Auschwitz in der Schweiz*, suggérant la complicité avec le régime hitlérien, refusa de parler le jour de la fête nationale. Le sculpteur Gottfried Honegger encouragea ses concitoyens à s'occuper plus de culture et moins des cours de la bourse. Son collègue Schang Hutter, créateur de la sculpture *Shoah*, proclama la nécessité de visions et d'amour.

Ce fut un Premier Août bien particulier, jour de recueillement historique auquel les intellectuels ne participèrent pas plus qu'à celui de 1991, en signe de protestation. En 1998 on ne célébra pas l'héritage progressiste de 1848 : la menace extérieure remettait la Suisse dans la posture du hérisson, l'ennemi américain remplaçant le russe. A l'heure de vérité, on recourut à nouveau au mythe de 1291 et au Réduit de la défense nationale spirituelle et militaire. Un collègue de Blocher au Parlement réclama un «nouveau rapport du Grütli», par analogie avec le discours dans lequel le général Guisan au début de la guerre avait encouragé les troupes à se défendre jusqu'au bout. Notre tribun versa lui-même dans la pensée mythique, enrichie de ses analogies et inversions célèbres. Alors que

Bonaparte libéra la Suisse de l'Ancien Régime et importa dans le pays par la force des armes les idées des Lumières, les blocheriens seraient d'avis qu'il faut déposer une plainte collective contre la France et demander des indemnités pour ses razzias, comparables à celles du Congrès juif mondial, contre la Confédération. Les «baillis étrangers» contre lesquels s'é-taient alliés les cantons primitifs ne sont plus Gessler et les Habsbourg, mais les Américains avec leurs réclamations juives portant sur des milliards et leurs menaces scandaleuses de boycott. L'ultimatum était fixé au 1er septembre 1998, juste un mois plus tard. Certaines gazettes, d'ordinaire pondérées, parlèrent elles aussi d'«agression américaine» et de «cynisme». Et les juifs suisses s'étonnèrent qu'aucune restitution n'ait été demandée à la France, à la Norvège, au Portugal ou à la Suède. Seuls contre tous: le jour de la fête fédérale de 1998, des Suisses déchirés par la question européenne se sont retrouvés dans un violent sursaut d'antiaméricanisme (teinté d'antisémitisme) et ils ont répondu comme depuis 1291 ou 1940 à la question de leur droit à l'existence: la Suisse est une alliance défensive contre un monde hostile. Le retour du passé atteignit son point culminant.

Christoph Blocher est allé de triomphe en triomphe, porté par un vent favorable. Il est sorti vainqueur de chaque élection, de chaque votation. En automne 1999 son parti fut le gagnant aux élections fédérales, et la presse européenne vit en Blocher un Haider suisse – à la différence que l'UDC n'était pas le deuxième ou le troisième parti, comme celui de Haider en Autriche, mais le premier. Pour la Suisse, les élections fédérales de 1999 furent une victoire historique, un glissement de terrain: le parti de Blocher obtenait 22% des voix, dont une part non négligeable prise au centre et à la gauche. Mais il a surtout trouvé l'adhésion des groupes marginaux de droite et d'extrême droite, avec lesquels Blocher a peu en commun mais dont il ne s'est jamais distancé de manière claire. La Suisse se comporta comme si Blocher, avec sa clique de millionnaires, allait prendre le pouvoir.

L'extrême droite gagne les élections: voilà que les Suisses font mieux que les Autrichiens, ces nostalgiques. Dans les deux

91

pays, après la guerre, on s'était lavé les mains dans un bain d'innocence. Les Autrichiens n'avaient été que des victimes, et les Suisses devaient à leur seul courage d'avoir été épargnés. Les Autrichiens avaient Kurt Waldheim, les Suisses étaient fâchés depuis 1996 avec une opinion publique mondiale qui, après une longue période de refoulement et de fixation sur la culpabilité allemande, réclamait maintenant des comptes à ceux qui ne s'étaient pas opposés à l'avance d'Hitler. Le boycott auquel l'Europe soumit l'Autriche – beaucoup d'intellectuels français défendirent avec Chirac une ligne dure – n'eut guère de résultats. De pareilles sanctions sont épargnées à la Suisse, non-membre de l'Union européenne. Mais sa position n'en devient pas plus confortable. En France, pays que Blocher vient à peine de découvrir, on associe son nom pas seulement à celui de Haider, mais au spectre du pangermanisme, reproche tout aussi absurde que de le comparer à Le Pen, même si certains s'y sont complus.

Mais il est licite de voir dans les deux cas le résultat d'une conjoncture historique, le syndrome d'un passé non maîtrisé. La France avait refoulé Vichy et la collaboration derrière le mythe de la Résistance. La Résistance n'est pas la seule réalité des années de guerre. Mais c'est sur ce fondement fallacieux que s'est construite la société de l'après-guerre, dominée par les communistes et les gaullistes, vainqueurs en politique intérieure, alliés dans l'enfouissement de Vichy. Le retour de la vérité refoulée s'est produit depuis deux décennies et ses conséquences dans la culture et la politique ont été claires. Le Pen en fait partie. L'éclatement du mythe de la Résistance et celui du marxisme – que l'on peut voir comme l'idéologie, en superstructure culturelle du refoulement – ouvrirent les vannes au retour de l'extrême droite dans le paysage politique. Le spectre néofasciste refit son apparition pendant le long travail de réexamen du passé. Mais depuis que la France se regarde en face et qu'elle a accepté une vérité longtemps tabouée, les néofascistes ont été marginalisés et ont perdu de leur importance, même en Alsace où l'on se considérait, comme en Autriche, victime et donc innocent.

LES COMPARAISONS

La Suisse n'a pas connu de période totalitaire et il serait exagéré de comparer Berne à Vichy pendant la guerre. Le conseiller fédéral Marcel Pilet-Golaz n'était pas un Pétain, malgré le discours suspect où il évoqua, après l'armistice demandé par la France, une intégration possible à la Nouvelle Europe ; mais il n'était pas non plus un exemple isolé, comme on l'a prétendu longtemps. Le Conseil fédéral tout entier avait eu connaissance des termes de son discours et l'avait approuvé à l'avance. Il y a des ressemblances et des parallèles entre la France et la Suisse en ce qui concerne le rapport au passé, la Résistance et le Réduit, les généraux de Gaulle et Guisan comme symboles de la résistance, le 18 Juin et le rapport du Grütli de juillet 1940 comme actes fondateurs. Les mythes de l'après-guerre recouvrirent ces évènements. En France, ce sont des intellectuels de gauche, souvent juifs, qui sortirent du marxisme, hégémonique dans la culture après 1944, et ouvrirent les yeux sur Vichy. Dans une deuxième phase, la démarche antitotalitaire dévoila qu'un fascisme à la française avait constitué le fondement du régime pétainiste, qui n'aurait certes pas existé sans la défaite face aux Allemands mais dont les Français avaient bien voulu. Dans l'après-guerre, la culture des deux pays resta fixée sur la période de la guerre, même si c'était d'une manière différente et pas toujours consciemment. Il fallut s'y confronter pour parvenir, de part et d'autre, à la vérité historique.

Ce réexamen a bouleversé le paysage politique et intellectuel. Il existe en France une nouvelle ligne de démarcation transversale, plus importante que la division entre gauche et droite. Les milieux qui croyaient à l'innocence de la France dans la guerre, qui ne voulaient pas que Papon passe en jugement, qui jugeaient inutile que l'on se penche sur le passé et critiquaient les excès du souvenir de la Shoa sont les mêmes qui sont opposés à l'intégration européenne. Ils sont partisans de la souveraineté nationale, dont ils ne veulent céder aucune miette à l'Europe. Ils se sont opposés à la guerre du Golfe et à l'intervention armée au Kosovo.

Les bombes envoyées sur Bagdad, et auparavant plus encore sur Belgrade, ont été, comme la construction de l'Europe, une leçon de l'histoire, une tentative de ne plus répéter les erreurs commises par le passé lors de la venue au pouvoir d'Hitler. Comparer Milosevic à Hitler peut sembler abusif; mais la première guerre sur sol européen depuis 1945 servit à surmonter le passé et à défendre les droits de l'homme, qui, depuis la fin des idéologies, sont devenus la norme de la politique internationale. Et les nations européennes ont combattu en ex-Yougoslavie non pas les unes contre les autres, mais du même côté, même si c'était sous la houlette des Etats-Unis.

Christoph Blocher était opposé à la participation à la guerre en ex-Yougoslavie: la Suisse aurait fait un pas en arrière en y envoyant des casques bleus, des soldats de la paix. En revanche, dix ans après la votation sur une «Suisse sans Armée», des politiciens et intellectuels de gauche comme Andreas Gross ou Jean Ziegler approuvèrent l'intervention au Kosovo et l'engagement de leur patrie sur le champ de bataille. Ce revirement surprenant montre qu'ici aussi un travail sur le passé s'est effectué dans les milieux critiques de gauche, et qu'il a permis de surmonter des positions dogmatiques. L'image de la Suisse a été retouchée par les pacifistes et antimilitaristes les plus radicaux, qui l'associaient à l'époque de la Guerre mondiale et à la défense spirituelle. La position antitotalitaire des intellectuels ex-marxistes en France, qui ont proposé la notion d'intervention militaire préventive, a fini par atteindre ici les milieux qui critiquaient depuis longtemps l'attitude de la Suisse face aux évènements historiques.

La comparaison entre la Suisse fédéraliste et la France centralisatrice est éclairante. Elle montre comment le refoulement du passé a entraîné dans une profonde crise politique des nations parmi les plus anciennes d'Europe. Leur forte identité nationale a pu protéger du pire ces deux pays, mais les a forcés à «s'arranger» avec Hitler (et Mussolini). Ce n'est pas aux générations suivantes de porter un jugement là-dessus, surtout un jugement moral. Analyser les conséquences du refoulement est plus productif. En effet, dans l'immédiate après-guerre, la Suisse et la France n'ont pas été aussi intègres qu'elles le prétendent. Alors que l'Allemagne vaincue ne put échapper à son passé après 1945, la France se prenait pour le vainqueur et la Suisse se berçait du sentiment d'avoir à nouveau échappé au pire grâce à Dieu et à ses propres forces.

En France, le retour douloureux sur Vichy a provoqué des phénomènes d'hystérie et des excès, syndromes d'un brusque retour de vérités refoulées, symptômes passagers, accès de fièvre avant la guérison, hoquets historiques. Par comparaison, on pouvait garder un certain flegme en Suisse face au passéisme de Christoph Blocher, dans les mois qui suivirent ses plus grands triomphes, et même lui prédire une défaite prochaine. Ce missionnaire d'un monde fait de mythes et de légendes n'incarne pas en effet l'avant-garde de l'histoire, c'est un nostalgique qui ne mène en politique que des combats de repli. Même son triomphe de l'automne 2003, sur lequel nous reviendrons, ne peut cacher l'archaïsme et le déclin de sa vision.

Juste après les élections aux Chambres fédérales d'octobre 1999, la Suisse, qui allait en voir d'autres, a connu des journées parmi les plus mouvementées de son histoire récente. La presse mondiale découvrait qu'elle avait son Haider, son Le Pen, son Berlusconi. Le pays était encore sous le choc du tremblement de terre qui s'était produit, la pression extérieure ne cédait point. Début décembre, il sembla déjà que la «formule magique» de son gouvernement risquait de casser, après des décennies de bon fonctionnement. La publication du deuxième rapport de la Commission Bergier fut annoncée pour le 10 décembre 1999, dressant le bilan de ses recherches sur la politique à l'égard des réfugiés. Seuls dix exemplaires étaient en circulation, selon les journaux, dont un pour chaque membre du Conseil fédéral, conservés dans des coffres-forts. Le gouvernement avait essayé de faire pression sur Jean-François Bergier, lui reprochant de n'avoir pas su s'imposer face aux «historiens étrangers» de sa commission. Joseph Deiss, alors ministre des Affaires étrangères, accorda à l'avance une entrevue aux représentants des organisations juives, dans le cadre d'une stratégie de défense contre les récentes attaques américaines.

Ces mêmes jours, on apprit que le Fonds de l'Holocauste créé dès l'annonce des premières plaintes collectives était sur le point de conclure sa tâche, après avoir versé près de 300 millions de francs à plus de 300 000 survivants de la Shoa. Il s'engageait à transférer rapidement 88 millions en Israël. Deux ans plus tard, en automne 2001, les derniers dédommagements allaient être versés à quelque 350 juifs de Tunisie. Les chiffres bruts provoquent un choc : 300 000 victimes de l'Holocauste, survivant 55 ans plus tard, indemnisées par la Suisse et touchant 600 à 1000 francs chacune ? Certes, la Confédération ne soutient pas « ses » victimes avec cette aumône financée depuis 1996 par la Banque nationale et les milieux économiques. Mais ce principe de l'arrosoir, aussi usé que honteux, n'a-t-il pas pour premier objectif d'effacer une faute collective ?

L'idée d'une Fondation de solidarité est née juste après la création du Fonds de l'Holocauste. « Ce n'est pas un instrument de réparation, déclare un porte-parole du Département des finances, mais un projet pour l'avenir et pour éviter les conflits. Bergier s'est occupé du passé. » Ses collaborateurs ont dépouillé les archives à Moscou, à Londres et en Allemagne. En Suisse, ils ont obtenu la levée du secret bancaire. Malgré toutes les mesures pour garder secret le rapport, les journaux ont publié avant parution ses principaux résultats, souvent des découvertes explosives.

Le premier chapitre du « rapport Bergier » raconte l'histoire d'une destinée exemplaire. Les auteurs ont examiné à la loupe tous les niveaux, le gouvernement, la justice, la police, l'armée, les organisations internationales. Dès 1941 au moins, les offices gouvernementaux savaient ce qui se passait en Allemagne. Le rapport présente de manière détaillée les camps d'internement en Suisse. Il montre que les cantons et certains fonctionnaires étaient beaucoup plus libres d'agir que ce que l'on a affirmé par la suite.

Les autorités fédérales ont repris la législation raciste de l'Allemagne, appliquant depuis 1938 la distinction entre « aryens » et « non-aryens ». Lorsque les nazis ont déchu les juifs de leur nationalité en 1941, la police fédérale des étrangers les a suivis : les juifs allemands devenaient du coup apatrides, et devaient demander des « permis humanitaires » humiliants. Et les payer. Lorsque les poursuites du régime de Vichy contre les juifs s'intensifièrent en 1942, la Suisse décida de ne plus accepter les personnes « qui n'ont pris la fuite qu'en raison de leur race», ce qui signifiait la déportation pour des milliers de juifs français. En 1942, la Banque nationale bloqua des fonds américains transférés en Suisse pour soutenir les réfugiés juifs. La Banque populaire, qui avait été mandatée pour gérer les biens des réfugiés, entra en conflit avec les autorités, parce qu'elle voulait respecter le secret bancaire.

La Suisse a, consciemment ou non, rendu service au régime nazi : telle est la quintessence du rapport Bergier sur les réfugiés.

Des historiens sérieux ont mis en question ces chiffres et ces conclusions, même Serge Klarsfeld dont l'opinion sur la politique des réfugiés en Suisse est bien plus positive. Ces controverses ne sont pas closes. Juste après sa publication, le rapport a suscité un flot de réactions et de textes révisionnistes. L'historien Georg Kreis, qui était membre de la Commission Bergier, décrit dans son ouvrage *Die Rückkehr des J-Stempels* les efforts de milieux conservateurs pour réhabiliter Heinrich Rothmund, chef de la police pendant la guerre. Des représentants aux Chambres fédérales ont formulé la même dermande en fonction de «nouveaux résultats des recherches», de même que des périodiques réputés. Des termes sont apparus dans les débats tels que le «mensonge de la culpabilité en temps de guerre», la «légende du coup de poignard», qui ne se réfèrent pas seulement à Rothmund, lequel n'était pas l'inventeur du tampon «J», quoi qu'en aient dit les historiens et nombre de parlementaires. Kreis, qui faisait voir rouge à la gauche et avait été critiqué par Niklaus Meienberg comme un «historien bourgeois», qualifie les tenants du «mensonge du tampon J» de révisionnistes. A l'inverse, faire du tampon «J» un pur produit allemand est un exemple criant d'irresponsabilité.

Le négationniste notoire Gaston-Armand Amaudruz, qui venait d'être condamné à un an de prison ferme, annonça un contre-rapport. Le Lausannois était depuis des années membre de l'ASIN (Action pour une Suisse indépendante et neutre), l'organisation patronnée par Blocher dont il écrivait en 1989 : «Enfin un homme du système qui a les yeux ouverts».

Un tribunal zurichois jugea pourtant que les discours du leader de l'UDC sur la Suisse pendant la guerre suscitaient «des instincts antisémites et le cliché de juifs avares». On pouvait provisoirement soutenir qu'il avait «de manière générale quelque chose contre les juifs et qu'il était antisémite». Cela tombait sous le coup de la nouvelle loi contre le racisme, mais le parlementaire jouissait d'une immunité totale. En septembre 2001, le Conseil national décida par 96 voix contre 51 de lever les inculpations de la justice zurichoise. Même le libéral genevois Jacques-Simon Eggly s'est prononcé en faveur de l'immunité de Blocher, afin d'éviter qu'il ne joue au martyr. Selon Anita Thanei, porte-parole de la minorité au Conseil national, il n'avait pas traité seulement les juifs d'avares mais aussi de «traîtres à la patrie». Blocher, qui en règle générale se donne pour courageux et responsable et utilise la provocation systématique, s'est sagement gardé de renoncer spontanément à son immunité.

BLOCHER CONTRE RUTH DREIFUSS

Les parlementaires se sont montrés moins délicats avec leur collègue Jean Ziegler. Son livre sur le crime organisé (*La Suisse lave plus blanc*) lui a valu une série de procès et des réclamations de dommages intérêts élevés. Des Bâlois influents autour de l'ancien conseiller national libéral Martin H. Burckhardt présentèrent au Ministère public de la Confédération une dénonciation contre lui, pour avoir écrit que la Suisse avait prolongé la guerre. La plainte était cosignée par d'anciens parlementaires, des militaires de haut rang, un ancien président des PTT, des banquiers et des ambassadeurs. Ce texte, qui parle de «convoitise juive», a des relents d'antisémitisme. Ziegler, le vilain coucou, aurait travaillé pour des intérêts étrangers avec son livre *La Suisse, l'or et les morts* et sa comparution devant le Sénat américain. La dénonciation se fondait sur l'article 266 bis du code pénal, qui réprime le soutien à des entreprises ou à des menées de l'étranger contre la sécurité de la Suisse, ainsi que la propagation d'informations inexactes ou tendancieuses, et peut valoir jusqu'à cinq ans d'emprisonnement.

Jean Ziegler, coupable de haute trahison, agent au service d'intérêts juifs? Pour certains de ses collaborateurs ou anciens étudiants, il s'est plutôt rendu coupable de petites trahisons, de malhonnêtetés intellectuelles, ne citant pas les travaux qu'il leur emprunte ; pour d'autres, prétendre cela confine à la diffamation.

La Société suisse des écrivains demanda aux Chambres de ne pas lever pour une deuxième fois l'immunité de Jean Ziegler. Carla del Ponte, procureur de la Confédération, ne rejeta pas immédiatement la dénonciation mais la soumit au Conseil fédéral, seul compétent pour l'autoriser à poursuivre un délit politique ; après un certain temps, elle a toutefois été classée.

En octobre 1999, Jean Ziegler ne pouvait plus se présenter au Conseil national sur la liste du Parti socialiste genevois, qui limite la durée des législatures. Il fit acte de candidature à Zurich sur une liste d'extrême gauche, où il essayait de se présenter, dans une alternative emblématique, comme l'adversaire de Blocher. L'échec était prévisible et la carrière parlementaire de ce Bernois émigré à Genève prit fin. Il a depuis lors été mandaté par l'ONU pour étudier le problème de la faim dans le monde.

Une certaine hystérie régna dans le pays lorsque l'UDC, après son triomphe historique aux élections de 1999, réclama un deuxième siège au gouvernement fédéral, pour Blocher lui-même. Il ne visait pas n'importe quel siège mais celui de Ruth Dreifuss, la deuxième femme du Conseil fédéral après Elisabeth Kopp, son premier membre juif et une représentante de la minorité francophone. Le 15 décembre 1999, Christoph Blocher qui n'avait jamais jusqu'alors voulu devenir conseiller fédéral se présenta contre elle devant l'Assemblée.

Dans la politique fédérale, cette candidature s'en prenait aussi à la « formule magique ». Elle était justifiée au regard du résultat des élections, mais elle dérangeait la répartition des sièges gouvernementaux entre les partis, fixée depuis des décennies. Au gouvernement, pareille entrée de Blocher, politicien qui venait d'être soupçonné d'antiusémitisme, menaçait de surcroît la démocratie de concordance. Au Conseil fédéral ou comme chef de l'opposition de droite, Blocher gouvernerait de toute façon, écrivit la *Neue Zürcher Zeitung* à la veille des élections ; même si le système résistait à l'attaque, il en subirait un fort contrecoup.

Le travail récent sur le passé suisse et toute sa dramaturgie avaient contribué au poids de la victoire de Blocher en politique intérieure. La publication du rapport Bergier quelques jours avant les élections et le versement de réparations atténuèrent la pression internationale qui s'exerçait contre la Suisse. La une des journaux dans le monde se concentrait sur Haider et l'Autriche. Papon avait rapidement été extradé. Mais un Blocher au Conseil fédéral aurait été alors une catastrophe pour le pays, même si la Suisse n'avait pas à craindre de sanctions de Bruxelles. Plus que la crainte de réactions internationales, ce sont les vieux poids lourds de la démocratie helvétique qui empêchèrent cette issue.

Or le fils de pasteur ne céda en rien à ses adversaires. Dans le climat de la fin des années 1990, faisant suite à une régression historique, certaines comparaisons et équivalences furent lancées dans le débat public avec la plus grande désinvolture. Blocher traita Adolf Muschg de «collaborateur». L'écrivain publié par l'éditeur allemand de gauche Suhrkamp fut comparé à un sympathisant suisse du nazisme pendant les années trente. Juste après l'échec de sa nomination à la candidature au Conseil fédéral, Blocher qualifia même de «nazis» l'ensemble des socialistes suisses, dans son traditionnel discours de fin d'année.

Au Parlement, Blocher refusa de présenter ses excuses. Il annonça qu'il allait publier un livre pour prouver ses allégations. Ce dernier parut juste avant la votation sur les traités bilatéraux qui règlent la coopération avec l'Europe. Ce fut une petite brochure intitulée *La liberté plutôt que le socialisme*. Franz Joseph Strauss avait utilisé le même slogan lors d'une campagne électorale en Bavière, et l'auteur fait beaucoup d'emprunts à Friedrich von Hayek. Blocher se rend compte que la dynamique qui l'a porté est en train de retomber et qu'il est grand temps de reprendre l'offensive idéologique. Les nombreuses notes en bas de page de ce texte programmatique montrent combien il y tient. C'est un débat de fond qu'il entend lancer là.

Il justifie ses invectives contre les socialistes suisses par les thèses invoquées dans le grand conflit des historiens et dans leur comparaison des totalitarismes. Il enrichit la perspective d'exemples suisses. Il insinue que le quotidien socialiste *Berner*

Tagwacht aurait eu des sympathies pour le IIIe Reich. Contrairement à leurs collègues allemands et anglais, les socialistes suisses n'auraient jamais renoncé à l'abolition du capitalisme. Leur but fut et demeure la révolution mondiale.

Cet argument n'est pas entièrement faux. Le Premier Mai, à Zurich, on a vu pendant longtemps des portraits de Staline dans le cortège. Mais la gauche, en vérité, se caractérise moins par son zèle révolutionnaire que par sa nostalgie bien ancrée et n'a jamais été aussi fanatiquement marxiste que les partis frères d'autres pays. Pendant la Guerre froide, les communistes en Suisse étaient tout sauf opportunistes. Comme on n'a pas en Suisse de passé rouge totalitaire, la gauche bernoise, zurichoise, bâloise, voire genevoise a moins de raisons d'expier son passé qu'on en compte à Rome ou à Paris. Elle sait aussi apprendre, comme elle l'a montré lors du conflit au Kosovo.

L'intervention de l'OTAN contre Milosevic avait été réclamée au nom des droits de l'homme et de l'antifascisme, avec les arguments tirés du réexamen du passé (français). Blocher en a repris les aspects antimarxistes pour lancer ses attaques contre la gauche en Suisse. Il cite François Furet, qui a proclamé la fin de la révolution en politique et analysé les illusions du marxisme, Stéphane Courtois, rédacteur du *Livre noir du communisme*, Jean-François Revel et jusqu'au philosophe André Glucksmann, dont Blocher, qui ne partage quasiment rien avec lui, reprend la critique du marxisme.

«Le national-socialisme et le fascisme ont été abattus par la force militaire et ensuite mis au ban, affirme Blocher. En revanche, le socialisme n'a vécu qu'une défaite économique et intellectuelle et il est susceptible de ressusciter n'importe où et n'importe quand.» Selon lui, ce processus a déjà commencé là où on lutte, en Euope, pour le maintien de l'Etat social, dans lequel il voit quasiment l'antichambre d'un totalitarisme marxiste réhabilité.

Sous sa forme adoucie – et d'autant plus dangereuse – cette idéologie s'insinue aussi dans les milieux bourgeois. L'auteur du libelle s'en prend à des concepts. Au lieu de parler de baisse d'impôts, on parle de «cadeau fiscal… comme s'il ne s'agissait en

101

réalité pas d'une taxe plus ou moins élevée et par conséquent d'une réduction de la propriété de l'individu en faveur de l'Etat». L'usage des notions de liberté, de justice sociale et de solidarité connaîtrait la même perversion. Blocher sait bien que l'Etat social n'est pas seulement critiqué par la droite, et que le soleil révolutionnaire est bas sur l'horizon. Il reprend des arguments à plusieurs auteurs des années 1990, Ernst Nolte, François Furet, Martin Walser, et surtout Friedrich von Hayek. La critique du totalitarisme et de l'utopie à laquelle se sont livrés les nouveaux philosophes répondait à un besoin spécifique, à une première phase de la réflexion sur le passé. Blocher leur emprunte leurs arguments les plus outrés pour démontrer que non seulement la révolution mais toute tentative de réforme ou de changement portent en elles un germe de totalitarisme. Comme si une politique réformiste ne cherchait pas à améliorer le monde. Blocher déforme tout malaise face à l'Etat en vision d'un Etat monstrueux.

Le libelle de Blocher, qui ne passe pas pour un intellectuel dans les milieux politiques, plutôt portés sur le pragmatisme, fit sensation. La *Neue Zürcher Zeitung* qualifia son auteur de «connaisseur et compilateur pointu de faits historiques». On suppose que l'inspirateur et l'auteur réel fut son camarade de parti Christoph Moergeli, conseiller national et directeur de l'Institut d'histoire de la médecine de l'Université de Zurich, celui qui a déclaré que l'attentat contre le World Trade Center justifiait encore plus la voie solitaire de la Suisse.

Blocher s'est donc entouré de conseillers cultivés qui contribuent à définir la stratégie intellectuelle de la Nouvelle Droite et adhèrent à ses offensives idéologiques. Ils exploitent systématiquement la critique – justifiée – de l'antifascisme récent : si l'antifascisme est si mensonger, le nazisme ne peut avoir été aussi mauvais qu'on a dit. Mais c'est la Suisse qui intéresse Blocher, et rien ne lui est plus étranger que l'apologie des nazis, dont le triomphe a aussi détruit la droite bourgeoise. C'est avec un objectif clair qu'il élargit son combat au domaine culturel : puisque les partis bourgeois ont fait front commun, en décembre 1999, pour l'empêcher d'entrer au gouvernement, Blocher s'en prend à la droite traditionnelle, antitotalitaire, démocratique et bourgeoise, sur le modèle de la Nouvelle Droite française. En France, cette stratégie a plongé libéraux et gaullistes dans leur plus grande crise de l'après-guerre, mais le danger a été écarté par le travail sur le passé, et la droite bourgeoise n'est plus prête à pactiser avec les extrémistes totalitaires.

Lors des élections de l'automne 2001 à Genève, le parti de Blocher – Union démocratique du centre, «Parti populaire suisse» en allemand – a présenté, tout comme Le Pen aime à le faire en France, deux candidats alibis, l'un d'origine arabe, l'autre d'origine juive, pour démontrer qu'il n'était en rien raciste. Ses succès à Genève et dans le canton de Vaud ont ouvert à l'UDC une voie royale en Suisse romande.

Mais Blocher a perdu la votation sur les négociations bilatérales; elles avaient bénéficié d'un appui dubitatif des partis modérés qui ne veulent pas d'une adhésion à l'Union européenne ou la jugent impraticable. En revanche, il a dû considérer comme une victoire le refus de l'initiative «Oui à l'Europe» de mars 2001. Ses résultats clairs, sans disparités cantonales, montrent l'évolution de la question européenne. Blocher n'est plus seul dans son combat d'arrière-garde idéologique.

Une fois de plus, on peut tracer des parallèles avec la situation de la France et ses alliances entre souverainistes de droite et de gauche. A l'avenir, Blocher pourra lui aussi compter sur le soutien de ses adversaires idéologiques, qui se situent à l'autre bout de l'échiquier politique: c'est seulement avec eux qu'il pourra atteindre ses prochains objectifs. Lors du conflit du Kosovo, ne s'est-il pas trouvé d'accord avec les pacifistes partisans de l'abolition de l'armée? Cette alliance contre nature s'est reformée pour la votation du 10 juin 2001 sur la collaboration avec d'autres armées pour la formation et l'armement du corps suisse à l'étranger. Les affiches de son parti montraient des cimetières militaires, même une tombe juive: les soldats suisses doivent mourir pour le Grütli, non pour Dantzig. La gauche était divisée, avec une section genevoise pacifiste aux côtés de Blocher, contrairement au Parti suisse.

Blocher voulait aussi empêcher définitivement l'entrée de la Suisse dans l'ONU. Il pouvait compter là sur une bonne partie de la gauche dogmatique, qui identifie l'ONU aux USA et craint que la Suisse ne devienne un satellite de l'axe impérialiste américano-israélien. Mais dans cette bataille, il a échoué face à la majorité populaire.

5

L'AGONIE D'UNE VIEILLE NATION

POUR UNE CERTAINE SUISSE, L'EUROPE = LE REICH

Le 1er août 2001, à l'occasion de la fête nationale, Christoph Blocher recevait la bourgeoisie d'honneur du village de Lü. Du haut de sa montagne, il le remercia d'avoir voté non à l'unanimité sur l'Espace économique européen, neuf ans plus tôt, montrant ainsi la voie que devait suivre la Suisse en Europe et dans le monde. Ce même jour, la *Neue Zürcher Zeitung* publiait un éditorial étonnant, plus emprunté qu'attristé : « A la différence d'autres pays, la fête nationale suisse célèbre la naissance de la Suisse. Le processus de privatisation y fait des pas de géant. Comme pour les individus, le jour de la naissance d'un Etat national implique aussi qu'il grandira, se développera, prospérera et finira par s'éteindre, car toute vie est éphémère. »

Dix ans après les scénarios apocalyptiques de dissolution, était-on en train de faire doucement ses adieux à la Suisse ? La *Basler Zeitung*, sous la plume de Lukas Schmutz, voyait les choses de la même manière en rappelant 1991 : « La plus vieille des nations est restée muette lors de son 700e anniversaire. Elle n'aurait pas pu exprimer plus clairement qu'elle ne savait pas ce qu'elle était, ni ce qu'elle voulait être. » Peu après, le 1er août est devenu officiellement un jour férié payé, mais la perplexité n'en fut pas moindre. Lukas Schmutz compare la Suisse à un tableau de Niklaus Stoecklin, *L'Aveugle* : elle erre dans une contrée désertique sans trouver ce qu'elle cherche, mais sait-elle seulement ce qu'elle y quête ? L'unité européenne, selon le journaliste, n'a entraîné dans aucun pays de conflit véritable avec l'identité nationale, aucun n'a aboli sa fête nationale ; ils ont

105

plutôt cherché à transformer, parfois de manière remarquable, leur sentiment national.

La Suisse, qui n'a jamais défini son nationalisme de manière raciste ou agressive, est restée fixée sur la conception du monde qu'elle avait pendant la guerre. En France, les « souverainistes » de gauche et de droite, qui affirment la non-culpabilité de l'Etat face à Vichy et rejettent tant le processus que les résultats du réexamen du passé, persistent à se référer à la peur de l'Allemagne. Le spectre d'un Quatrième Reich hante toujours les débats, et si l'on rejette l'Europe c'est qu'on voit en elle une grande Allemagne désormais victorieuse, la réincarnation du Saint Empire romain germanique. Mais en réalité, le processus d'unification européenne s'est mis en marche parce que les pays membres cherchaient une réponse à la guerre et ils étaient prêts à s'interroger sur leurs responsabilités, ce que la Suisse a fait avec beaucoup de retard. Or si l'on ne se remet pas en question, on ne peut pas voir que les autres ont changé. Avec arrogance, Christoph Blocher combat l'entrée dans l'Union en faisant d'elle une question de « collaboration » ou de « résistance », ce qui équivaut historiquement à poser l'alternative « fascisme ou liberté ». Pareille position ne permet de voir dans l'Union européenne que le retour du monstre totalitaire.

Lors de la première votation sur l'Europe, les craintes incontrôlées de l'Allemagne ont joué un rôle, et elles subsistent toujours en Suisse alémanique, même dans des cercles plus modérés. Dans le numéro de *Forum Helveticum* consacré au bilan de la politique européenne de la Confédération, Hilmar Gernet, secrétaire général du Parti démocrate chrétien jusqu'en été 2000, voyait en l'Union européenne le spectre d'un retour de l'histoire, un nouveau Reich avec Bruxelles pour capitale. Il ne peut absolument pas comprendre que les hommes politiques saluent l'élargissement à l'Est de l'Union, après la chute du rideau de fer, comme une croissance harmonieuse de l'Europe qui répare les erreurs de l'histoire.

Au début des années 1990, la plupart des intellectuels de gauche partageaient les idées et les arguments d'Hilmar Gernet. Peu avant la votation sur l'EEE, en 1992, Thomas Hürlimann et Otto F.

Walter se retrouvèrent sur le lac des Quatre-Cantons. «Walter était en fin de vie, raconte Hürlimann, mais il se sentait encore concerné par le destin du pays. En levant les yeux, nous observions la terrasse où se tenait le grand Gottfried Keller il y a une centaine d'années.» Pour le septantième anniversaire de Keller, le Conseil fédéral lui avait envoyé un télégramme de vœux, où l'écrivain avait trouvé une faute de grammaire. «Puis des feux s'allumèrent sur toutes les hauteurs. Ils célébraient le poète national et lui rappelaient son intention première de terminer *Martin Salander* par un incendie catastrophique. "Sodome et Gomorrhe sur cette petite mine d'or, avait-il noté. Poix et soufre sur une République qui n'est plus qu'un bazar, une boutique capitaliste."»

Hürlimann et Walter levaient donc les yeux sur leur «grand Keller». «Comment aurait-il voté, nous sommes-nous demandé. Et nous étions d'avis que la Suisse devait une fois de plus faire cavalier seul. Nous rejetions l'eurocratie. Nous voulions conserver nos droits. Nous étions convaincus, Walter et moi, que si nous réussissions à réélaborer le passé récent, nous aurions une chance de rapprocher la Suisse réelle de son idéal.» Otto F. Walter venait de publier *Le Temps du faisan*, et Hürlimann s'était fait un nom dans la jeune littérature suisse comme représentant d'un nouveau patriotisme. Dans ses essais, il soulignait «la nécessité des frontières», estimant que le poète avait le devoir de les protéger. Il avait vécu à Berlin avant de rentrer en Suisse et trouvait que sur le lac de Sihl près d'Einsiedeln, où il avait pris domicile, soufflait le même vent historique qu'à Kreuzberg.

Jusqu'au 6 décembre 1992, la Suisse avait vécu dans la conviction que les élections et les votations pouvaient être perdues ou gagnées, mais que cela ne changeait rien à la situation. Le résultat de la votation sur l'Europe a démenti ce cliché, comme celui de l'impuissance des intellectuels de gauche, critiques et alternatifs. Leur défense de la démocratie de base, leur «non par idéalisme», comme le qualifie Hürlimann, ont apporté au moins 5% aux 50,3% de refus à l'Europe – bien que les cantons romands aient voté jusqu'à 80% en faveur de l'adhésion. Pour Peter Bichsel, la Suisse n'était plus le même pays qu'auparavant. Otto F. Walter regretta après ce désastre les «espoirs mal placés de la jeunesse» qui aurait souhaité un oui massif. La *Neue Zürcher Zeitung* ironisa sur celui qui voulait «attendre au calme jusqu'à ce que l'Europe ait atteint le haut niveau de la Constitution suisse». Mais les deux écrivains ne pouvaient pas vraiment se réjouir d'une victoire à laquelle ils ne s'attendaient d'ailleurs pas.

LA CHALEUR DU NID

Le réexamen du passé par lequel Walter et Hürlimann espéraient ramener les Suisses à leurs idéaux de 1848 n'était pas encore à la mode. Il a été entamé sous la pression de l'opinion publique mondiale et la menace d'un boycott des banques, et a changé la Suisse. Les fronts politiques intérieurs se défirent peu à peu, d'autres apparurent. Le pays connut des ébranlements plus importants que durant les décennies précédentes. Puis vint l'épidémie de la vache folle qui pesa sur les rapports entre la population et les paysans, nourriciers de la nation et garants du terroir helvétique : les fruits de leur travail, affirmait-on, sont empoisonnés, ils ne vivent que de subventions, menacées par «Bruxelles». La bataille la plus héroïque menée par la Suisse pendant la guerre avait été le «plan Wahlen», du nom du conseiller fédéral qui l'inspira : partout où c'était possible, on cultivait légumes et pommes de terre pour l'auto-approvisionnement du pays. Mais en Suisse aussi, les enfants pensent depuis longtemps que le lait ne vient pas de la vache mais du supermarché, sous forme pasteurisée, dégraissée, hygiénique, et que sur la table du petit déjeuner, grâce à la publicité, règnent les Corn Flakes et les boissons chocolatées Nestlé. Les parents réclament que l'anglais soit enseigné tôt dans les écoles, que l'informatique devienne branche principale. L'avant-dernier recensement avait été boycotté par nombre de citoyens pour protester contre le scandale de fiches ; lors du dernier comptage national, le sens civique a repris le dessus et ils ont été aussi nombreux à répondre par internet au «e-census». Avant la Suisse, seuls Singapour et les Etats-Unis avaient testé cette méthode.

« Le système » est en train de changer rapidement sous la pression de la mondialisation, sans rencontrer de fortes résistances. La motion des Verts « Moins de cantons, plus de démocratie », qui envisageait de réduire le nombre des cantons de 26 à 12, a été repoussée aux Chambres fédérales par une majorité des trois cinquièmes : fusionner des cantons en de grandes unités administratives semblait alors aussi impensable que de fusionner la Bavière et la Prusse. Néanmoins l'idée a été débattue, un projet de fusion entre Vaud et Genève a été soumis à un vote populaire – et repoussé. Même le canton du Jura, dont l'indépendance de Berne est récente et où le patriotisme est vif, voudrait s'agrandir pacifiquement et cherche un partenaire qui ne soit pas le Jura Sud.

La Suisse se meurt, dit-on, mais elle est à la mode. La croix suisse s'imprime sur des T-shirts, sur des chaussures Bally, un logo comme un autre. A Zurich, où il n'y a pas si longtemps des policiers en civil surveillaient les toilettes publiques, chronomètre en main, la Street Parade est devenue l'événement de l'année, on y accourt de l'étranger. Pour le publicitaire Dominique von Matt, la Suisse est à nouveau appréciée après la phase de dépression des années 1990. Son image à l'étranger est meilleure qu'à l'intérieur. En septembre 2001 – peu avant les attentats – une étude de l'Ecole polytechnique de Zurich révélait que la population se sentait mieux que jamais, plus en sécurité que jamais ; et cela ne peut être dû aux seuls efforts de relations publiques des banques et de l'Etat, si gigantesques soient-ils, financés à coups de millions par des instituts de relations publiques.

Le pays se serait-il réconcilié avec lui-même et avec son passé ? La Commission Bergier (Commission indépendante d'experts, CIE) a été dissoute à la fin 2001 ; avant même la publication des premiers volumes de son rapport, le Conseil fédéral avait décidé que les documents devraient revenir à leurs « propriétaires ». Au fur et à mesure que baissait la pression internationale sur la Suisse, la volonté politique de réexaminer le passé s'affaiblissait. L'historien Georg Kreis, qui n'écrit pas à la légère, a dit de la CIE qu'elle était devenue le souffre-douleur de la nation. De nouveaux obstacles n'ont cessé de nuire à son travail. Son mandant – la Confédération, qui y a investi 20 millions de francs – a fini par mesurer son soutien. Au printemps 2001 encore, les historiens découvraient dans les archives de la banque UBS plus de septante cartons de documents sur des fonds en déshérence que l'on avait sans doute cherché à leur cacher ; avant leur transmission, les actes avaient été « filtrés, écrit Jakob Tanner à ses collègues de la commission, ce que nous ne pouvons tolérer si nous voulons être crédibles ». Un mois avant la création de la CIE, on découvrit grâce au gardien Christoph Meili, licencié depuis lors, que l'UBS avait déjà détruit des documents. L'archiviste de l'UBS Robert Vogler ne contesta pas les faits devant la presse : « Nous sommes aussi historiens et savons juger ce qui peut être utile ou non à la Commission indépendante d'experts. »

Des divergences étaient apparues, déjà bien avant la fin des recherches, à propos de la conservation des documents utilisés. La CIE avait conclu avec la plupart des entreprises un accord qui prévoyait leur restitution. Cela n'était pas nécessaire, car la Confédération avait ordonné que l'accès aux documents ne soit pas restrictif. Toute la diplomatie de Bergier auprès des entreprises ayant des filiales à l'étranger avait eu ses avantages. Ces archives hors frontières ne sont pas soumises au droit suisse. Ce furent d'abord les adversaires de la CIE qui se sont opposés à la restitution, car ils voulaient fonder leurs critiques sur un contre-rapport, position justifiée du point de vue politique et universitaire. La CIE plaida elle aussi pour que les documents restent à disposition des chercheurs. La Société suisse d'histoire suggéra au gouvernement de conserver les documents aux Archives fédérales. Ruth Dreifuss, conseillère fédérale chargée de l'affaire, défendit cette position auprès de ses collègues. Mais au milieu des vacances d'été, ceux-ci prirent une autre décision, en faveur des entreprises et contre les intérêts de la recherche et du public.

Le diktat du Conseil fédéral confirme combien la recherche historique de la Seconde Guerre mondiale jusqu'à nos jours reste dépendante des autorités (tout comme en France). Celles-ci donnent des mandats pour certaines recherches et en interdisent d'autres, puisque ce sont elles qui décident de l'accès aux documents et aux archives. C'était déjà le cas pour le rapport Bonjour

(*Histoire de la neutralité suisse*) publié dans les années 1960. Le Conseil fédéral avait dû mettre les choses au point après la publication de l'ouvrage contesté d'un journaliste anglais. On songea à des historiens comme Walther Hofer, Herbert Lüthy ou Jean-Rodolphe von Salis pour faire ce bilan souhaité en haut lieu. C'est Edgar Bonjour qui décrocha le mandat d'examiner les activités de la Suisse pendant la guerre « le plus complètement possible, et sans égards pour les personnes impliquées », dont beaucoup étaient encore en vie. Pour prouver son indépendance, Bonjour renonça à des honoraires. Son rapport est nuancé. Il n'était pas destiné à la publication, mais le fut toutefois après les protestations d'écrivains renommés, bien qu'un tiers du texte ait passé sous les ciseaux de la censure. Et les documents qu'il avait été seul à pouvoir examiner furent mis sous clef. Après le rapport Bonjour, le travail de la Commission Bergier n'a pas pu faire l'objet d'un débat scientifique, ce qui montre bien les difficultés du rapport du pays à la critique. On se distance du travail de la CIE qui a déploré l'assujettissement du gouvernement à l'économie. Hors de Suisse, cette décision scandaleuse est restée quasiment inconnue, ce qui a confirmé les responsables dans leur position et leur impression que la crise, qui avait secoué le pays jusque dans ses fondations, était surmontée. Le passé est passé, de nouveaux débats ne feraient que troubler la paix retrouvée.

Le processus historique de réexamen du passé, qui permit de surmonter l'idéologie de la défense spirituelle du pays, a entraîné nombre de réformes. Celle de l'armée est l'exemple le plus spectaculaire : l'armée suisse reflète en effet au plus près l'état intérieur, spirituel, de la Confédération et l'image du monde qu'elle se fait. Au Kosovo, c'est un signal historique qui a été donné.

Mais un domaine résiste à toutes les critiques : le secret bancaire. En juin 2001, avec une satisfaction non dissimulée, l'Association suisse des banquiers publiait les résultats de son sondage d'opinion annuel. Elle portait sur le « secret professionnel du banquier », auquel « les Suisses restent favorables à une large majorité (82%) ». Le lobby des banques est puissant et influent, mais il est rare qu'il se mêle de l'agenda politique. En

1992, les banquiers étaient favorables à l'entrée dans l'Espace économique européen. Depuis lors, la pression internationale pour la suppression du secret bancaire s'est fortement accrue : au sein des banques elles-mêmes, on avoue parfois parfois qu'il a de moins en moins d'importance et qu'il serait erroné de le fétichiser, même si le ministre des Finances le défend comme « non négociable » dans tous les pourparlers avec les instances européennes.

En prenant une position anti-européenne pour mieux défendre le secret bancaire, avec des arguments plus nationalistes encore que ceux d'un Blocher, les banquiers privés genevois ont effectué un revirement étonnant. Dans leur *Lettre* périodique, Jacques Rossier, associé de la banque Darier Hentsch et Cie, publiait en juin 2001 un « Plaidoyer pour l'exception helvétique » d'une violence inouïe, illustré de tous les lieux communs d'une histoire à succès – « on ne s'étonne pas de voir la Suisse jalousée de partout ». « La Suisse n'existe que parce qu'elle s'est précisément et régulièrement isolée de l'un ou l'autre voisin impérial ou monarchique qui la menaçait. » L'entrée dans l'Union ferait disparaître les avantages d'une des plus grandes places financières du monde et mettrait en danger l'indépendance du pays : « La Suisse aurait très peu de chances de survivre dans l'Union européenne telle qu'elle se présente aujourd'hui. Très vite, Berne cesserait d'être la capitale et céderait sa place à Lyon, Stuttgart et Milan. Il est vrai qu'à long terme une telle évolution est peut-être inévitable, mais je doute que les jeunes entretiennent beaucoup de sympathie pour un agenda qui programme la mort de l'Helvétie. »

Au soir du 4 mars 1999, toutefois, lorsque la Suisse se découvrit une nouvelle unanimité entre alémaniques et latins pour enterrer toutes ses perspectives européennes, Rossier éprouva de la compassion en voyant beaucoup de gens les larmes aux yeux. Ce spectacle l'amène à corriger le bilan de sa génération : « Nous ne sommes pour l'instant soumis à aucune menace extérieure. Il n'en reste pas moins que la plupart des églises sont vides, que le tiers-monde est si pauvre qu'on en désespère, que la "McDonaldisation" du monde se renforce, etc. A partir de là, on peut comprendre que, pour beaucoup d'intellectuels, la fuite en avant dans l'Union européenne ait pu devenir un objectif.» C'est qu'ils cherchent, ironise Rossier, un peu de cette «chaleur fusionnelle» que donne l'intégration, et dont ne jouit pas le «citoyen d'un petit Etat isolé».

Rossier y préfère nettement la chaleur du nid. Le non à l'Europe atteste selon lui un passé sans tache: «La Suisse n'a pas déclenché la moindre des guerres, n'a jamais connu de dictature, possède depuis longtemps un Etat de droit et, par-là, se distingue sensiblement des autres pays d'Europe.» Elle connaît aussi moins de corruption. Le banquier soutient en revanche de tout cœur la Fondation de solidarité, qui «devrait soulever l'enthousiasme de la jeunesse», à la condition qu'elle soit «définitivement détachée des controverses relatives à la Seconde Guerre mondiale». Son plaidoyer en faveur du secret bancaire culmine dans un appel à la voie solitaire: «La Suisse s'est déjà dressée contre des empires plus puissants que l'UE.»

Et ses citoyens se sont préparés au cas extrême où elle devrait capituler. En septembre 1993, alors que la Suisse allait jeter par-dessus bord ses convictions les plus intimes et ébranler les piliers qui soutenaient son ordre social, une votation eut lieu dont personne ne sut prévoir la portée: elle leva l'interdiction sur les casinos qui avait été édictée peu avant l'introduction du secret bancaire. Les jeux sont faits, la roulette fonctionne à nouveau. Seuls des cyniques invétérés peuvent imaginer que les maisons de jeux risquent de faciliter le blanchissage d'argent. Cette décision populaire permet au pays de se développer à la manière de Monaco.

A la veille des élections genevoises de l'automne 2001, les idées anti-européennes de Jacques Rossier avaient jeté un certain trouble. Il a défendu ses thèses dans la presse et devant le Parti libéral. Celui-ci a cédé devant les menaces financières du banquier, mais on ne peut pas le lui reprocher, c'est bien dans la ligne. Le soutien aux libéraux, qui n'avaient alors pas perdu de voix, s'est poursuivi. Mais l'UDC avait davantage d'argent que ses rivaux pour ces élections, où elle se présentait pour la première fois. Contrairement aux affiches, ces fonds ne provenaient pas de Zurich. Dans le canton de Vaud, l'UDC a aussi obtenu un succès surprenant, gagnant parfois plus de sièges qu'elle n'avait de candidats. Blocher, après avoir menacé de diviser le pays, parvenait ainsi à prendre pied en Suisse romande. Et l'UDC devenait un parti suisse avec un droit légitime à un deuxième siège au gouvernement.

REGARD D'UN EUROPÉEN SUR LA SUISSE

Si la Suisse romande se perçoit comme une entité régionale autonome, c'est dû entre autres à l'influence des médias. Les deux parties du pays sont devenues plus homogènes notamment parce que chacune de son côté consomme presse et télévision des pays voisins ; les deux cultures sont quasiment aussi différentes que celles de l'Allemagne et de la France. Les partisans suisses alémaniques de l'abolition de l'armée étaient influencés par le mouvement pacifiste allemand qui organisa ses grandes manifestations contre le réarmement au début des années 1980 et chassa le chancelier fédéral Helmut Schmidt de son poste : « Plus jamais la guerre ! » Ce pacifisme allemand était une réaction au nazisme, et les intellectuels français le condamnaient. Ces derniers venaient de sortir du marxisme, l'idéologie qui avait permis le refoulement du régime de Vichy, et s'efforçaient au moins pour la forme d'opposer au nouveau danger totalitaire, l'Union soviétique, une résistance plus forte que pendant la guerre contre les nazis : plutôt mort que rouge. Durant une vingtaine d'années, les positions des deux régions linguistiques de la Suisse ont fortement divergé sur le thème de la protection de l'environnement – de la mort des forêts à l'automobile –, sur l'attitude face à l'Etat social et sur une série de questions centrales, marquées qu'elles étaient par les débats dans les pays voisins.

En 1985 déjà, Klaus Harpprecht, chef de cabinet du chancelier Willy Brandt et rédacteur de ses discours, avait relevé combien les Suisses alémaniques suivaient les modes allemandes. Harpprecht, qui vit depuis vingt ans en France, est l'un des rares intellectuels européens à s'intéresser à la Suisse avec une franche sympathie. Il écrivait sous le titre «Les lumières de Bâle», dans le magazine *Bücherpick*: «Il en sera ainsi jusqu'à la fin de mes jours. Je ne passe jamais la frontière entre l'Allemagne et la Suisse à Weil-am-Rhein sans jeter un dernier regard aux collines de la Forêt noire. C'est là que je me suis tenu tous les samedis et tous les dimanches lorsque nous étions stationnés dans la région, là que je me tenais chaque fois que je pouvais échapper à la baraque et au service, dans mon uniforme lamentable qui flottait sur moi, avec une gourde de vin que m'avait vendu un paysan apitoyé tout en grommelant que ces gamins ne devraient pas boire même s'ils devaient jouer aux soldats – je me tenais là-haut et je regardais les lumières de Bâle qui pointaient timidement dans l'obscurité, qui se mettaient à briller la nuit tombée. Là-bas, me disais-je, la mort n'est pas tapie dans tous les recoins de l'être. Là-bas, me disais-je, le matériau universel n'est pas ce barbelé qui enferme toute vie (et la mort): les camps, les casernes, les abris, les infirmeries. Là-bas, me disais-je, personne n'est soumis à la torture. La faim n'est pas permanente. C'est de là-bas que venait la voix factuelle du speaker que nous écoutions sur notre vieux poste de radio, avant l'appel et pendant les rares jours de congé, réglant le son aussi bas que possible.»

Les lumières de Bâle ont rayonné longtemps: «La voix du speaker de Beromünster nous a tenu compagnie après la guerre. Elle faisait autorité, car elle disait vrai. Depuis 1948, stagiaire dans une rédaction, je lisais régulièrement la presse suisse, la *Neue Zürcher Zeitung* avec un respect liturgique, les deux quotidiens de Bâle, la courageuse *Tat* du légendaire Gottlieb Duttweiler, la *Weltwoche* qui témoignait de la possibilité d'un travail brillant de journaliste. Le monde était grand ouvert pour les auteurs suisses, pas pour nous.» Des essayistes comme Jean Améry, qui a longtemps refusé d'écrire pour la presse allemande, étaient publiés en Suisse. Harpprecht cite plusieurs noms, de François Bondy à Fritz René Allemann: «Quelle équipe, quelle génération de journalistes! Si l'exagération n'était pas déplacée, on pourrait parler d'un miracle suisse. Comment l'expliquer? La presse suisse gagnait-elle en qualité à remplir son devoir alors que les journalistes allemands ne pouvaient écrire d'éditoriaux qu'alignés strictement sur les propositions du ministère de la propagande ? Etait-elle stimulée par le devoir de ne pas faire disparaître la libre parole de la langue allemande ? A-t-elle profité de la soudaine abondance de talents due à l'arrivée des réfugiés du Troisième Reich ? »

Il n'y avait pas que la presse à rayonner hors des frontières, après la guerre : « Beaucoup d'éléments se sont combinés. Peut-être ont-ils constitué ensemble l'offre extraordinaire de personnalités et de présence intellectuelle que la Suisse a su opposer pendant ces années d'obscurité en Allemagne et en Europe : Karl Barth et son adversaire en théologie Emil Brunner, Carl Jakob Burckhardt, diplomate, historien et homme de lettres, le germaniste Emil Staiger, Jean-Rodolphe von Salis, Denis de Rougemont, plus tard Max Frisch et Friedrich Dürrenmatt, qui incarnent le théâtre allemand avec Bertolt Brecht et Carl Zuckmayer. La Suisse se découvrait-elle un génie que n'avait pas prévu son caractère national ? »

Les récents débats sur le rôle de la Suisse pendant la guerre et son isolement en Europe devraient fournir l'occasion de nous souvenir, pas seulement pour lui rendre justice, du rayonnement de la culture suisse à l'étranger. Elle a rempli une fonction pour des raisons historiques. Elle garde le devoir de l'assurer. Ceci même si le revers de ce travail historique est le repli sur soi. Klaus Harpprecht écrit : « L'ivresse des sommets ne pouvait durer, on s'en doute. Pendant une dizaine d'années, la Suisse s'est trouvée confrontée à des questions de vie et de mort. Il est normal qu'elle se soit repliée sur elle-même lorsque le danger fut passé. En outre, Allemands, Français et Italiens pouvaient à nouveau parler de leur propre voix. Les relations commencèrent à s'équilibrer : la Suisse n'était plus seulement celle qui donnait, elle recevait aussi. »

En soi ce n'est pas un désavantage et ce devrait être la norme dans tout échange culturel. « Les lumières de Bâle ne doivent pas s'éteindre, écrit Harpprecht à la fin de son essai. Il faut franchement se demander aujourd'hui, quarante ans après la fin de la Seconde Guerre mondiale et de la dictature nazie, si les échanges entre la Suisse et son voisin du Nord sont aussi équitables qu'on le souhaiterait. Je me dis parfois qu'après la période de leur mission européenne, les Suisses se sont repliés sur eux-mêmes et sur leurs valeurs avec trop de pusillanimité et de confort. Mais en même temps, ne se sont-ils pas laissés adapter, sans résistance notable, aux valeurs dominantes de la République fédérale allemande, voire à la France nouvelle ? Ont-ils mis en jeu – dans la paix et l'harmonie – les valeurs qu'ils avaient contribué à sauvegarder dans les années trente et quarante ? Repli et adaptation, voici la double menace nouvelle qui pèse sur le caractère des Suisses. »

Harpprecht s'exprime sans détours. Il fustige la volonté de « suivre les modes du voisin du Nord », depuis le décalque du style *Spiegel* chez les journalistes jusqu'au « narcissisme pleurnichard » d'écrivains dont les œuvres cultivent l'ennui : « Les exemples ridicules et affligeants sont innombrables. Pour le dire brutalement : pas une bêtise allemande qui ne soit colportée dans la presse suisse, pas un cliché qui ne soit sagement reproduit. »

C'est Klaus Harpprecht qui défend la thèse que l'américanisation des sociétés européennes a beaucoup contribué à l'intégration politique du continent. Peut-être « l'européanisation de l'Europe » finira-t-elle par représenter un attrait tout naturel pour la Suisse. Jusqu'à présent, les forces centrifuges s'exerçant des pays voisins sur les différentes parties du pays sont encore dominantes. Jusqu'alors les lignes de démarcation confessionnelles, linguistiques, politiques ou sociales n'étaient pas parallèles mais couraient à travers les régions. Si elles s'uniformisent, les tensions seront d'autant plus fortes que la Suisse romande est de plus en plus dépendante économiquement de Zurich et que des différences apparaîtront dans les niveaux de vie : c'est ainsi qu'a commencé le processus d'autonomie du Jura. Va-t-on en Suisse vers une situation semblable à celle de la Belgique ?

Il nous semble que Blocher nous protège justement de cela. Il existe aussi un potentiel populiste et xénophobe en Suisse romande, et pour la Suisse il vaut mieux qu'il tombe aux mains de Blocher plutôt que d'un sécessionniste militant. Le succès de Blocher en Suisse romande la préserve pour longtemps de l'avatar d'un Umberto Bossi, qui ferait vite avaler aux francophones qu'il est absurde d'apprendre l'allemand et qu'ils ne pourront sortir de leur situation de colonisés que par une lutte d'indépendance du type « Vive la Romandie libre ! ».

L'élargissement du champ de bataille de Blocher ne transforme pas seulement la Suisse romande mais aussi tout le mouvement de l'UDC, qui tend à se banaliser. Les passions historiques s'apaisent. En refusant de se joindre au sauvetage de Swissair par l'Etat, ce parti a montré combien peu lui chaut le folklore patriotique, en comparaison avec son idéologie ultralibérale. Son électorat alémanique, sensible au standing national, lui en tiendra rigueur plus que les Suisses romands, que la compagnie aérienne, depuis le milieu des années 1990, avait pris à rebrousse-poil et qui ne s'identifiaient plus guère à la croix suisse de ses avions. Swissair avait négligé de manière impardonnable l'aéroport de Genève pour déplacer en 1996 tous ses vols long courrier à Zurich. Pourtant, symbole de l'arrogance zurichoise, Swissair a aussi été la victime de Blocher, mais on l'a oublié, voire pardonné. Quand la longue dégringolade de la compagnie aérienne a commencé le 6 décembre 1992, Blocher a dit que cette débâcle était la conséquence des magouilles entre l'économie et la politique.

Sur ce point il n'a pas tort. Mais on peut ajouter que la pression de Bruxelles et la surveillance de la commission européenne ont provoqué des situations similaires dans plusieurs pays d'Europe. Ceux-ci, avant l'introduction de l'euro, ont dû assainir leurs finances publiques. Les marchés ont été ouverts à la concurrence, les cartels défaits et des réformes effectuées, ce que personne n'aurait pu introduire en Suisse : dans bien des domaines, cette dernière a perdu ses avantages initiaux. Les observateurs constatent que la défense blochérienne d'un réduit national protégé contredit son idéologie du marché libre et son activité de chef d'entreprise. C'est toutefois Bruxelles, et non Berne, qui se rapproche le plus de ses idéaux libéraux, la faillite de Swissair et les efforts pour la sauver en témoignent.

LA BELLE SHAWNE ET LA PIERRE D'UNSPUNNEN

Blocher a dû aussi payer sans doute la distance qu'il a prise à l'égard de l'exposition nationale. Il a sous-évalué son importance affective et identitaire, du fait qu'elle était lancée « à une heure noire de l'histoire suisse», selon son directeur artistique Martin Heller.

En un moment de doute, alors que plusieurs sponsors s'étaient dédits, le plus jeune canton de Suisse fut mandaté pour sonner le rappel publicitaire autour de l'Expo.02. Le conseiller d'Etat jurassien Jean-François Roth eut l'idée de fonder un «club des ambassadeurs», autour duquel il parvint à réunir des personnalités, comme Shawne Fielding Borer. Thomas Borer, qui avait dirigé aux Etats-Unis la task force constituée pour faire opposition aux revendications du Congrès juif mondial, avait épousé et ramené dans son équipage l'ancienne Miss Texas puis l'avait amenée à Berlin, où les services rendus lui avaient valu d'être nommé ambassadeur. Sa charmante femme y posa en tenue légère pour des illustrés.

Les Suisses suivent de très près ce qui se passe dans la nouvelle métropole allemande. L'establishment et le corps diplomatique froncent le nez, le département des Affaires étrangères s'affole régulièrement. Il n'y a que le Jura, pays de tradition anarchiste et où l'histoire n'est pas terminée, qui pouvait songer à confier une mission officielle à la belle Américaine. Le ministre Jean-François Roth l'intronisa à Saignelégier à l'occasion du Marché-Concours, le grand marché aux chevaux. La dame vola la priorité aux purs-sangs.

Sans leur demander leur avis, le Congrès de Vienne avait attribué les Jurassiens au canton de Berne en 1815, pour dédommager celui-ci de la perte du pays vaudois. Les Béliers furent longtemps le groupe le plus militant pour l'indépendance : ils occupèrent les ambassades suisses à Paris et à Bruxelles, posèrent quelques bombes et bétonnèrent quelques rails de chemin de fer. Depuis la fondation du canton, qui ne comprend que les districts du Nord, les Béliers ont lutté pour la réunification du Jura. En 1984, ils faisaient disparaître la pierre d'Unspunnen, 83 kilos et demi de granit, promettant de la ramener le jour où l'unité jurassienne serait scellée.

C'était une action finement pensée. Cette pierre glaciaire sert à un des plus vieux sports militaires. Un quart de siècle après le serment du Grütli, les Confédérés avaient fait fuir à coup de pierres les Habsbourg à Morgarten, en 1315. Le lancer de pierre, au même titre que le hornuss et la lutte à la culotte, est pratiqué lors des fêtes fédérales de sport, où l'on nomme le seul roi officiel du pays, le « roi fédéral de la lutte », qui reçoit en hommage un taureau. Personne n'a jamais lancé la pierre d'Unspunnen à plus de quatre mètres.

La première fête d'Unspunnen se tint à Interlaken en 1805, pour réconcilier la Ville de Berne avec l'Oberland bernois insurgé, qui avait constitué un canton pendant une brève période, en contrecoup de la Révolution française. Une deuxième fête eut lieu en 1808, pour encourager le peuple à pratiquer d'anciens jeux et à faire revivre le cor des Alpes. Après les troubles, on avait admis que certaines idées des Lumières pouvaient être suivies, notamment le renouveau de la culture populaire au sens de Rousseau, plaisir raisonnable qui ne heurte pas les mœurs. Les fêtes patriotiques encouragèrent aussi le tourisme, qui avait décliné pendant la période française. De nouvelles races de vaches et de chevaux furent introduites. La bonne société européenne assista aux fêtes d'Interlaken, à l'instar de Madame de Staël.

Mais les paysans bernois rebelles jugèrent que ces fêtes du renouveau national leur volaient leur culture. La fête d'Unspunnen fut suspendue tandis que l'idée était reprise ailleurs en Europe : c'est de là que tire son origine l'*Oktoberfest* de Munich. A la fin du 19e siècle seulement, à la même époque où le 1er août devenait fête nationale, on reprit en Suisse la coutume des fêtes de lutte et de bergers, avec des cortèges, des yodleurs, des *festspiels*. La troisième fête d'Unspunnen eut lieu en 1905 et se tient régulièrement depuis lors. C'est la pierre d'origine qui sert au lancer, sauf depuis le vol des Béliers. Il a fallu en faire une copie.

La pierre d'origine avait-elle coulé au fond du lac de Thoune ? Avait-elle été noyée dans le béton lors de la construction de la patinoire de Tramelan ? Des bruits ont couru, une récompense a été offerte, jusqu'à ce que la première votation sur l'Europe ne divise en deux le pays. La Romandie allait-elle se détacher de la Confédération comme le Jura de Berne ? Les Béliers portèrent la pierre à Bruxelles. Une délégation officielle suisse, ou de l'Oberland bernois, une des régions les plus conservatrices et anti-européennes du pays, aurait dû s'humilier devant le Parlement européen en demandant sa restitution. Mais le plan fut abandonné après qu'un terroriste jurassien, un mois après la votation, perdit la vie lors de l'explosion prématurée d'une bombe dans sa propre voiture.

En 1999, il semblait que la pierre d'Unspunnen se trouvait encore en Belgique. Des séparatistes wallons emmenèrent un photographe dans une cave, les yeux bandés. Les photos qu'il prit permettent de voir sur l'objet les dates de 1805, 1809 et 1905, auprès desquelles les Béliers ont gravé douze étoiles dans la pierre ainsi que la date du 6.12.1992.

Le samedi 11 août 2001, la 98e édition du Marché Concours de Saignelégier attire 50 000 spectateurs. Les Jurassiens y fêtent la nouvelle ambassadrice de l'Expo jusqu'au Café du Soleil, où un végétarien et un amateur de viande de cheval se disputent à coups de poings. La bagarre terminée, la nuit ne l'est pas encore. La dame, à l'aise parmi les hippophiles, se doute-t-elle de quelque chose ? Voici qu'un cadeau va lui être offert. Une jeune fille lit une lettre à haute voix avant de disparaître dans la foule.

Le lendemain matin, au réveil, le pays stupéfait apprend qu'après dix-sept ans la pierre d'Unspunnen a fait sa réapparition : les séparatistes l'ont offerte sur un plateau à la belle Shawne. Celle-ci la rendra le jour même au club sportif d'Interlaken, pour ne pas être accusée de recel, selon son époux railleur : « Voici que ma femme résout même des problèmes suisses. »

La population d'Interlaken a accepté le retour de la pierre d'Unspunnen avec enthousiasme et sans rancune. Une délégation vaudoise, conseiller d'Etat en tête, se rendit dans l'Oberland, non pour proposer une alliance contre les Bernois mais pour demander de pouvoir exposer la pierre à la Fête fédérale de lutte à Nyon. Ils auraient bien voulu s'en servir pour le lancer de pierre, mais avec ses étoiles européennes indélébiles elle aurait risqué de provoquer le boycott de lutteurs et de lanceurs venus de la Suisse primitive. La pierre d'Unspunnen arriva sur les bords du Léman sous escorte policière, et n'a plus été kidnappée depuis lors.

Les responsables actuels des Béliers furent plus surpris que les ambassadeurs de l'Expo lorsque la pierre fut rendue. Cela témoigne probablement du déclin du groupe. Ses membres sont forcés de démissionner dès qu'ils atteignent 32 ans, et l'on attribue volontiers la restitution à des anciens, fatigués de lutter. Toutes les personnes concernées démentent avec véhémence qu'il y ait eu négociations ou compensations, mais il est difficile de croire à une mise en scène spontanée. Par ailleurs, était-il vraiment possible d'attendre des responsables de l'Expo un tel génie, de telles visions à long terme? Enfin une exposition nationale atteignait le succès; enfin depuis 1945 la Suisse qui chérit tant ses mythes créait une nouvelle légende qui réunissait le pays en vue de l'avenir, comme le serment de 1291 ou le réduit national de 1939, par-dessus la division des langues, les conflits sur l'Europe ou les accusations du Congrès juif mondial. La pierre entrée dans l'histoire il y a deux cents ans, réapparaissant miraculeusement dans le giron d'une belle étrangère, est devenue le symbole du fédéralisme et de la réconciliation entre alémaniques et francophones, le totem de la Nouvelle Helvétie.

L'Exposition nationale? Dix ans après l'Exposition universelle de Séville, on attendait beaucoup d'elle. Elle devait dépasser la nation, aller vers l'Europe, vers une autre Suisse ouverte à l'avenir. Elle devait donner un signe de vie et dire: «La Suisse existe.» Faute de pouvoir accéder aux honneurs internationaux, et après avoir reçu quelques camouflets – l'ancien conseiller fédéral Adolf Ogi n'a pas été élu au Comité international olympique, l'Agence anti-dopage s'est installée à Montréal, etc. – la Suisse reste propre et sûre, et surtout chère. Pour les chaînes de télévision privées, elle est donc bonne pour la publicité, mais elle n'a plus accès aux retransmissions des matches de coupe du monde de foot. Même le Forum économique mondial s'est déplacé un an à New York, fuyant Davos...

Les avatars de la flotte aérienne rouge et blanche, fierté nationale, restent l'épisode le plus désolant. Après le refus de l'Europe par le peuple, en décembre 1992, notre Swissair nationale avait échafaudé des alliances précaires et racheté des compagnies fragiles, mais elle a fini par atterrir en catastrophe.

Le jour où l'on rendit hommage aux quinze victimes de la tuerie du parlement de Zoug, les avions Swissair restèrent au sol.

Ils ne prenaient pas le deuil : l'entreprise n'avait simplement pas de liquidités suffisantes pour les approvisionner en kérosène. Des milliers de passagers furent piégés dans les terminaux du monde entier, ayant tiré le mauvais numéro. Le peuple s'insurgea contre les banques, l'UBS, «United Bandits of Switzerland», et les banques privées. Bénédict Hentsch tira les seules conséquences possibles : il resta fidèle à Swissair et abandonna à sa mère sa place au conseil d'administration de l'ancienne banque familiale.

La série noire n'allait pas s'arrêter là.

INCENDIE AU GOTHARD OU L'HORIZON BOUCHÉ

Le réexamen de l'histoire récente ne se fit pas exactement comme l'avaient imaginé Otto F. Walter et Thomas Hürlimann lors de leur conversation sur le lac des Quatre-Cantons. La Suisse est aujourd'hui plus éloignée que jamais des idéaux démocratiques et fédéralistes où nos auteurs voyaient un espoir de réconciliation. Revenant sur les votations du 6 décembre 1992, Hürlimann raconte qu'il se voyait alors dans le camp des vainqueurs : mais c'était une victoire à la Pyrrhus. «Ce n'est pas nous, pas les Verts, pas la gauche radicale qui avions gagné, notre camp était le véritable perdant. D'un jour à l'autre une personnalité de droite était montée sur la scène politique suisse, qui discréditait nos positions et lançait quasiment seule une attaque brutale contre l'Europe.» Il avait fallu longtemps à Hürlimann pour y voir clair : son article amer est paru en octobre 2001 dans la *Frankfurter Allgemeine Zeitung*. Son amertume ne tient pas au fait que la droite triomphante n'a pas reconnu le soutien que sa position avait apporté à la victoire de Blocher, mais plutôt à sa difficulté de masquer sa responsabilité. Il a écrit cet article en réaction à la débâcle de Swissair et au massacre de Zoug : «Je suis de Zoug, et je sais de quoi je parle. Quand j'étais écolier et enfant de chœur, ma petite ville vivait encore au rythme du 19ᵉ siècle, bourgeoise et tranquille. Elle décida un jour de baisser son taux d'imposition, et comme par miracle elle devint d'un jour à l'autre une place financière internationale, un havre pour les requins de la finance» – et la quatrième place mondiale pour les transactions pétrolières.

L'écrivain s'en prend à la position qu'il prit lors du vote sur l'Europe: «Que la politique sorte vite de son mauvais pas de dimanche, qu'on mette un terme définitif à l'ère des financiers qui ont fait de notre pays le banquier des gangsters. C'est urgent. Si les Américains trouvaient dans les cavernes d'Afghanistan des numéros de comptes qui renvoient à nos chambres fortes, ce que je crains comme beaucoup de mes compatriotes, il en irait de la Suisse comme de sa compagnie aérienne. Que Dieu nous épargne ce tournant fatal de l'histoire.» Les Américains n'auraient en effet pas les mêmes égards qu'en 1945.

Hürlimann ne mentionne pas un autre épisode. Deux ans après la votation sur l'EEE, qui marqua le début de ces catastrophes et de la débâcle de Swissair, un groupement politique rouge-vert avec ses alliés bruns honnis gagna la votation sur «l'initiative des Alpes» contre l'avis du gouvernement et des Suisses romands, une fois de plus. L'idéologie du réduit s'était insinuée dans la tête des intellectuels alémaniques. En 1994, ils défendirent le Gothard contre l'avalanche de camions qui déboule chaque jour à travers l'Europe, au nom d'une politique des transports qui est certes raisonnable mais teintée d'un zèle fondamentaliste. Les montagnards avaient gagné, le gouvernement uranais dansa de joie. Le résultat de la votation creusa le fossé culturel et attisa les conflits avec l'Europe – et n'a pas suffi évidemment à interdire les poids lourds de 40 tonnes. Il fallut faire de nouvelles concessions à une Europe inflexible. La Suisse était trop faible pour imposer égoïstement sa politique d'avenir des transports. Fallait-il une nouvelle catastrophe sous les Alpes pour changer les mentalités? Elle ne tarda pas à se produire.

L'accident dans le tunnel du Gothard, qui fit onze morts le 24 octobre 2001, n'avait rien d'exceptionnel; mais il tomba sur la Suisse comme une fatalité, à un moment où elle avait durement travaillé et cher payé pour reprendre confiance. Et dans le lieu le plus symbolique possible, en plein cœur du «réduit» alpin, là où la Suisse avait fait ses débuts 710 ans auparavant, sous un col qui relie des vallées, juste là où la petite Suisse primitive aux trois cantons avait commencé à étendre ses libertés et son bien-être jusque dans des régions italiennes et françaises. Les flammes et la fumée noire qui sortait du tunnel étaient des présages d'apocalypse et d'agonie. L'histoire avait pris un tournant plus grave que ce qu'on avait jamais imaginé : le Gothard en feu, la dernière forteresse d'un pays libre que l'on défendrait dans tous ses recoins à coups de canon ou de cailloux. Les talibans ont démontré que la doctrine militaire fédérale conservait toute sa valeur : la dernière puissance mondiale risquait bien de se casser les dents contre un petit peuple de montagnards décidés à résister. C'en était trop : Swissair, Zoug, et maintenant le Gothard ! La triple catastrophe de septembre-octobre 2001 atteste l'arrogance, la schizophrénie et la folie collective de ce petit pays qui avait cru pouvoir s'arranger avec sa conscience, après avoir prétendument surmonté sa dépression historique, et limiter les dégâts et les responsabilités. Seuls au monde, isolés en Europe, voici que les Confédérés qui croyaient avoir retrouvé leur innocence sont punis par les cieux. Les péchés de la Suisse, les errements de ses écrivains auraient-ils été si graves ? Les vieux mythes sont brisés, les nouveaux ne servent à rien. Libres Suisses au cœur pieux, il ne vous reste qu'à prier, à prier pour atterrir en douceur dans l'Histoire. Les symboles nationaux sont cloués au sol, le réduit n'est plus qu'un purgatoire : il est temps de comprendre la nécessité d'un revirement politique et de renoncer à la voie solitaire. Sur la terre comme aux cieux.

6

UNE NOUVELLE SUISSE

DE L'ONU À EXPO.02

Eppur si muove : plus vite qu'on ne l'attendait, au printemps qui suivit un automne apocalyptique, on vit la Suisse atterrir en douceur dans l'histoire. Christoph Blocher avait réagi aux événements du 11 septembre 2001 au World Trade Center – en affirmant que la seule réponse valable était le renforcement de la neutralité. Et la crainte de Thomas Hürlimann ne s'avéra point : les Américains ne trouvèrent en Afghanistan aucun extrait de compte suisse à numéro.

En 1986, Christoph Blocher était devenu président de l'ASIN, l'« Action pour une Suisse indépendante et neutre », bras armé de l'opposition à l'entrée du pays aux Nations Unies. Cette année-là, les cantons dans leur totalité et les trois quarts des électeurs avaient refusé l'adhésion : la Suisse vivait encore dans son Réduit. Puis, en 1989, elle fut le seul pays au monde à fêter le cinquantenaire de l'entrée en guerre. Vingt-cinq ans après l'Expo de Lausanne, elle se découvrit incapable d'organiser une nouvelle exposition nationale. La crise d'identité n'en finissait pas – vote sur l'abolition de l'armée, scandale des fiches, boycott culturel de 1991, « La Suisse n'existe pas » à l'Exposition universelle de Séville en 1992. Le sommet fut atteint avec le vote négatif sur l'Espace économique européen en 1992, qui déclencha une phase de guerre civile rhétorique entre Alémaniques et Romands et creusa le fossé entre les générations.

Mais une douzaine d'années plus tard, peu après l'automne qui ébranla la Suisse, une confortable majorité populaire (55%) accep-

127

tait son entrée dans l'ONU. Victoire à l'arraché? Nullement. La comparaison des chiffres montre que ce vote exprime un retournement total de l'opinion publique: le nombre des partisans de l'ONU a plus que doublé alors même que Blocher paraissait avoir imposé au pays son hégémonie idéologique. La vérité c'est que la crise des années 1990 a changé le pays en profondeur. Les Confédérés ont surmonté le Réduit dans leurs têtes.

Au moment où la Suisse rentrait ainsi dans l'histoire, le bilan des années de guerre était tiré. La Commission Bergier publia son rapport final en mars 2002. Le *Blick* titra en lettres géantes «Des Suisses ont financé la Nuit de cristal d'Hitler». C'est probablement la première fois qu'un titre de la presse s'accompagnait d'une astérisque, renvoyant à la légende d'une photo: «L'Holocauste a commencé.»

On avait appris que beaucoup de biens détruits lors de la Nuit de cristal étaient assurés auprès de compagnies suisses. Que les dommages furent réglés rapidement et généreusement – et que ce ne furent toutefois pas les juifs qui reçurent l'argent, mais les nazis. Que les assureurs versèrent aussi plus tard aux autorités allemandes les assurances-vie des juifs persécutés – du moins leur valeur de rachat, jamais la somme garantie: cela aurait signalé trop clairement qu'elles connaissaient le destin fatal de ceux-ci.

Quatre-vingt pour cent des armes et munitions produites en Suisse étaient allées aux puissances de l'Axe. Pour s'imposer sur le marché allemand, d'énormes dessous de table avaient dû être versés. Chez d'Oerlikon Bührle, dont le patron finançait une collection de tableaux légendaire et un éditeur d'œuvres classiques, ils équivalaient aux salaires de 3000 employés. L'argent des expropriations opérées par le régime de Vichy reposait sur des comptes suisses. Les entreprises violaient systématiquement le principe de neutralité. La voix des critiques, comme celle de Walter Muschg, le professeur de littérature germanique, qui protestait clairement au nom des générations futures contre la collaboration avec les nazis et mettait en garde contre ses conséquences, n'avait pas été entendue.

Les résultats des dernières recherches donnent le vertige. De manière générale, la Commission Bergier confirme néanmoins

que la Suisse n'a ni mené une politique systématique de collaboration pour des raisons idéologiques, ni contribué à prolonger
la guerre.

Les grands quotidiens ont consacré maintes pages à ce bilan.
La *NZZ am Sonntag* a interviewé Stuart Eizenstat, l'ancien sous-
secrétaire d'Etat américain qui avait mené les attaques contre la
Suisse. Il fait l'éloge du rapport Bergier : en comparaison avec ce
qui s'est fait dans d'autre pays, ce document se situe « au premier
rang pour ce qui est de la recherche fondamentale, du sérieux et
de l'autocritique ». Pour Eizenstat, ce rapport est « plus important
que des indemnités ». Le *Tages Anzeiger* relève qu'il y a eu
« beaucoup d'éloges pour une critique sévère » et que le rapport
Bergier a été bien reçu à l'étranger. Il a été publié à un moment
« où nombre de Suisses ont établi une relation assez rationnelle à
ce passé difficile. Quelques vétérans mis à part, personne ne
devrait trop s'énerver, même si la Commission, financée par des
fonds publics, a écrit des choses qui auraient valu à tout historien,
il y a vingt ans, une interdiction professionnelle. »

Les commentaires des journaux ont témoigné de la révolution culturelle qu'a traversée le pays. L'Association suisse des
banquiers, la Fédération suisse des communautés israélites, les
partis – à l'exception de l'UDC de Christoph Blocher – ont réagi
positivement au rapport. Quelques témoins et quelques historiens ont critiqué le fait qu'il mette surtout en valeur les aspects
négatifs et ne mentionne pas les entreprises qui se sont refusées
à collaborer. Au nom du Conseil fédéral, le président Kaspar
Villiger a parlé d'une « performance remarquable, tant au niveau
de l'organisation que de l'effort intellectuel ».

La *Weltwoche*, pour sa part, a parlé de « l'anti-mythe d'une
Suisse coupable elle aussi ». La *Sonntagszeitung*, commentant
ces réactions qui paraissaient unanimes, a dénoncé un « nouveau
catéchisme » du politiquement correct. Elle soutenait aussi l'i-
dée indéfendable que cette vision de l'histoire radicalement différente aurait été « imposée d'en haut » et que la commission
d'historiens aurait été « instrumentalisée ». L'auteur de l'article
rappelait en outre que Kaspar Villiger, quand il était ministre de
la Défense, « lançait tout son Département contre ceux qui vou-

laient repenser l'histoire» alors qu'il les couvrait maintenant d'éloges. Il est vrai que Villiger a loué certains intellectuels qui, bien avant les autres, avaient stigmatisé le rôle de la Suisse, son égoïsme et ses compromis: Edgar Bonjour, Karl Barth, Max Frisch, Friedrich Dürrenmatt, jusqu'à Niklaus Meienberg, décédé depuis lors. L'hommage de Villiger était sans doute sincère, mais le fait qu'il ne citât que des morts témoignait bien de la brouille qui subsistait entre le pouvoir et la critique.

Peut-être, depuis qu'a été mise en lumière la vérité nue sur la Suisse pendant la guerre et que les mythes ont été dénoncés, le pays n'a-t-il plus besoin des intellectuels engagés qui sont encore en vie. Ils ne se sont d'ailleurs guère exprimés lors de la votation sur l'ONU. C'est en vain que le directeur artistique d'Expo.02, Martin Heller, a supplié qu'on fasse entendre, au sujet de cette manifestation, des critiques et des avis substantiels. Dans sa sérénité retrouvée et dans un esprit de réconciliation, le pays a célébré l'exposition nationale précisément dans les parages où il avait traversé sa plus rude épreuve dix ans auparavant: à la frontière linguistique. On a senti physiquement que la Suisse était soulagée.

Sur l'esprit de ce bilan, notons le jugement de Hans-Ulrich Wehler. Cet Allemand fait partie des historiens qui ont acquis une grande réputation, après la Seconde Guerre mondiale, par leurs interventions en soutien d'une culture démocratique. A ce titre, il tient pour une nécessité évidente une réappréciation du passé, à l'instar de la France où les intellectuels ont pris part avec autorité au débat public. Wehler, à propos de la Suisse, a parlé d'un processus salutaire et analysé le rôle d'Expo.02 dans la perspective des années turbulentes qui l'on précédée. Elle atteste, à ses yeux, «la vertu de l'Etat démocratique», qui «est parvenu par des moyens pacifiques à corriger ses fautes». C'était là un éloge appréciable adressé à une Suisse qui a «mis un terme à l'idolâtrie d'elle-même et à sa bonne conscience affichée, mais aussi à une critique introvertie».

Expo.02 concluait une décennie de crises et de doutes qui avaient bien failli empêcher sa tenue. Le pays avait retrouvé sa sérénité et pris une décision légitime et nécessaire après les

secousses du passé récent. Elle donna à voir une Suisse banali-
sée et normalisée, un Etat moderne parmi d'autres. Le spectacle
aurait pu se donner tout aussi bien à Paris ou à Berlin. Il aurait
été présomptueux d'attendre d'elle qu'elle pose les fondements
du sens et de l'identité de l'avenir helvétique. «La Suisse
existe», tel était le message et cela sufffisait. Mais en vérité, la
manifestation n'a inspiré aucune idée utile et n'a suscité aucune
impulsion durable.

Or la Suisse avait à peine repris ses sens qu'une tentative
germa de remiser une fois de plus le passé au placard. La pression extérieure qui allait décroissant avait déjà ébranlé la volonté
de réélaboration du passé. Les discussions autour de l'accès aux
documents sur lesquels avaient travaillé les historiens de la
Commission Bergier ont renforcé ceux qui voulaient, sur cette
affaire, tirer un trait définitif. Il n'y aura vraisemblablement pas
de critique scientifique solide sur la validité de ces travaux – le
passé est liquidé, de nouvelles controverses ne feraient que per-
turber la paix retrouvée. Que la couverture du livre de Stuart
Eizenstat ait suscité des réactions démesurées dans de larges cercles de l'opinion (jusqu'au dépôt d'une plainte collective) laisse
penser que le pays n'a rien appris des débats sur la guerre. Seuls
des pharisiens, qui croient encore ou soudain à l'innocence du
pays, pouvaient juger scandaleuse la combinaison de la croix
suisse et d'une croix gammée formée de lingots d'or. Pour l'historien Georg Kreis, cette indignation est même l'indice que la
Commission Bergier, dont il faisait partie, n'est parvenue à rien :
on continue d'argumenter comme avant 1997.

Face à la régression politique et au rétablissement de la
bonne conscience, la votation sur la Fondation de solidarité est
intervenue trop tard. Cette idée généreuse avait été lancée quand
la population semblait disposée à faire un geste contre les injus-
tices, au-delà de ce que payaient banques et assurances. Un geste
financier, mais surtout symbolique. Depuis la fondation de la
Croix-Rouge, on n'avait vu aucun pays prendre une initiative
comparable. La Fondation de solidarité n'aurait pas seulement
été importante pour celles et ceux qu'elle aurait aidés, mais surtout pour l'idée que nous nous faisons de nous-mêmes et du

monde. Elle avait été conçue comme une prise de responsabilité par une nouvelle génération, qui aurait été soumise à son tour, trente ans plus tard, à des regards neufs. La Fondation de solidarité ouvrait des potentiels créatifs sociaux et humanitaires, et surtout politiques : elle se serait vouée à promouvoir la paix, les droits humains, la compréhension entre les cultures. Mais elle aurait aussi pu contribuer très concrètement à lutter contre l'illettrisme. Elle aurait peut-être pu réaliser ce que l'Expo n'a pas su faire. La Suisse aurait été bien inspirée de voir dans ce projet généreux une chance pour la jeunesse, pour l'avenir de laquelle le non du 6 décembre 1992 n'avait rien ouvert. Or c'est volontairement que l'on a fait échouer cette fondation, précisément avec un contre-projet promettant aux personnes âgées l'or « excédentaire » de la Banque nationale. Et dans ce pays, aucune votation ne peut passer contre la volonté de la gauche socialiste et de la droite idéologique. Un an plus tard, en 2003, le Parti socialiste et l'Union démocratique du centre sont sortis grands gagnants des élections aux Chambres fédérales. L'UDC, obtenant en 2003 quelques sièges de plus qu'en 1999, a confirmé sa position de premier parti du pays.

ENTRE L'ALLEMAGNE ET LA FRANCE

Au printemps 2002, des centaines de milliers de personnes sont descendues dans les rues de France, chaque jour pendant deux semaines. Ecoliers, apprentis et étudiants ont manifesté pour la démocratie et contre Le Pen, qui avait battu le socialiste Jospin aux élections présidentielles et allait se confronter au deuxième tour à Jacques Chirac. Nous avons porté un regard troublé et inquiet sur la France. Un peu jaloux aussi, parce que cette élection de portée historique apparaissait comme un choix entre la liberté et « le fascisme », et contre celui-ci toute une société se mobilisait. Un mois plus tard, les Suisses, eux, votaient sur une question fiscale et sur l'interruption de grossesse, les Zurichois sur leur théâtre, les Genevois sur l'introduction d'un revenu minimum garanti. On ne demande jamais aux Français leur avis sur des questions de ce genre, pas même sur la construction d'autoroutes. Une seule fois, ils ont pu s'exprimer sur l'Europe. Les 20% d'électeurs qui ont voté en mai 2002 pour Le Pen et son Front national n'ont pas suffi à assurer à ce parti un seul siège au Parlement lors des législatives de juin; en Suisse, avec quelques pour cent de plus, l'UDC est devenue le parti le plus fort.

Notre démocratie helvétique est certes désespérante parfois, mais sûrement pas aussi terre à terre ni aussi ennuyeuse que réputation lui en est faite. Nous prenons des décisions dans des matières où nous ne connaissons rien, et jusqu'en décembre 2003, nos élections suscitaient moins d'intérêt que celles d'autres pays; en effet, quand bien même tout un peuple élit ses autorités, jamais l'opposition ne peut abattre le gouvernement. On observe tout au plus quelques déplacements de pourcentages. Ou un changement de la «formule magique». La faible participation électorale ne témoigne pas seulement d'un ras-le-bol de la politique mais aussi de l'extrême développement atteint par la démocratie helvétique. Expliquez donc à un Français que le peuple peut décider librement s'il faut augmenter le prix de l'essence ou le taux de la TVA – qui n'atteint pas pour autant le niveau pratiqué par les Etats où le gouvernement les fixe sans consultation –, que les grèves, les luttes de pouvoir dans la rue et les tentatives d'attentats contre des institutions ou des dignitaires ne font pas partie de l'arsenal du débat politique. Depuis sept cents ans qu'existe la Suisse, nous profitons des victoires des adversaires que nous avons combattus, et nous avons dû apprendre à assumer les conséquences de nos défaites, même si nous étions d'un avis tout différent.

La situation n'était toutefois plus aussi simple, onze ans après le refus d'adhérer à l'Espace économique européen. Il n'est d'aucun secours de ranger parmi les conséquences du vote négatif de 1992 la débâcle de Swissair ni de faire référence à l'Autriche, qui économiquement, depuis lors, a rattrapé et dépassé la Suisse. Notre pays a surtout perdu l'une de ses certitudes. Il n'est plus garanti que les votations soient toujours gagnées (ou perdues) d'avance et qu'elles ne changent jamais rien au paysage politique. Après coup, nombre des adversaires de l'Europe – les vainqueurs de 1992 – jugent qu'un oui à l'EEE nous aurait épargné bien des problèmes et bien des épreuves. Cette votation a creusé le fossé entre les régions du pays, mais aussi entre les générations. Un oui à l'EEE aurait donné à la jeunesse un certain espoir dans l'aptitude de la politique fédérale à changer les choses.

En France, la mobilisation contre Le Pen, comparé à Hitler et à Pétain, a été un dernier hoquet d'une histoire non digérée et le point culminant de ce retour à l'histoire – que la politique française a su maîtriser –, un remake à happy end, un exorcisme collectif pour chasser les fantômes de Vichy. Ce processus s'achève. Les milieux de gauche et de droite qui ne voulaient pas que l'on fasse d'accrocs à la souveraineté nationale et refusaient l'intégration européenne étaient les mêmes qui tenaient à une image sans tache de la France, critiquèrent le procès Papon et jugèrent inutile la reconnaissance par Chirac de la coresponsabilité du pays lors de la Déportation.

Les Allemands se sont enthousiasmés pour l'Europe, parce que leur nation et leur passé leur étaient insupportables. Un changement de génération est intervenu. Avec Gerhard Schröder, qui est apparu comme le chancelier d'une nouvelle époque, Otto Schily et Joschka Fischer furent les soixante-huitards arrivés au pouvoir, bien après la France, ceux dont la révolte et les manifestations avaient été un mouvement de protestation contre le passé de leurs pères. Et ce sont eux qui ont accéléré la normalisation. En Italie et en Autriche, l'attitude face à l'Europe exprime aussi une manière de se situer par rapport au passé et à la montée de nouveaux mouvements populistes.

Les réactions à la guerre du Golfe de 1991 et à l'engagement de l'OTAN en Yougoslavie furent aussi influencées par la manière dont on réglait ses comptes avec l'histoire. En France, on mit Saddam Hussein et Milosevic dans le même sac qu'Hitler, et on ne voulait plus commettre les mêmes fautes qu'en 1940. En revanche, le mouvement pacifiste en Allemagne fédérale répéta: «Plus jamais la guerre». Blocher critiqua en 1991 les attaques contre Saddam Hussein comme il allait désapprouver les bombes sur Belgrade au nom de la neutralité. Il s'en tenait à son imperturbable idéologie du Réduit national.

Quand il s'est agi d'écarter le tyran Milosevic, Blocher resta accroché à ses principes. Mais, en Suisse comme en Allemagne, les milieux radicalement opposés à toute guerre avaient pour la plupart dépassé ces positions pacifistes : ils acceptaient à présent l'idée de l'ingérence au nom des droits de l'homme.

Les conflits entre pacifistes allemands et intellectuels antitotalitaires français avaient duré deux décennies. La deuxième intervention américaine en Irak mit pour la première fois d'accord les opinions publiques des deux pays, presque unanimes contre la guerre. La tendance en Suisse allait dans le même sens, sans dissonance ni voie solitaire. Mais la Conférence pour la paix de Genève, improvisée par une ministre des Affaires étrangères qui venait de prendre son poste, Micheline Calmy-Rey, fut un moment pénible : à peine le pays était-il entré à l'ONU qu'il voulait à nouveau faire la leçon au monde. La conseillère fédérale a connu de meilleurs moments depuis lors.

S'il fallait encore une preuve éclairante des influences extérieures qui s'exercent sur la Suisse, c'est bien l'Année Napoléon qui l'apporta. Ou l'Année Bonaparte. Après les commémorations de la République helvétique, en 1998, on passa au bicentenaire de l'Acte de Médiation de 1803. Sa mémoire ne fut pas rappelée à l'unisson dans toute la Suisse, mais dans les cantons qui doivent leur existence à l'intervention de la France, d'où nous est venue d'ailleurs la vague d'articles et de programmes télévisés sur l'épopée napoléonienne. L'empereur qu'on célèbre ainsi en père de l'Europe est devenu l'objet d'un culte renouvelé. La Grande Nation, facilement nostalgique, retrouve ainsi sa voie dans un avenir continental, même au prix de concessions envers ses partenaires ; elle a repris confiance après sa crise sur le temps de Vichy. Curieusement, les Suisses alémaniques, plus encore que les Romands, suivirent sur les chaînes d'Allemagne ou de l'Hexagone cette série historique à succès, sur un scénario du souverainiste français Max Gallo, qui ne disait rien, en fait, sur le volet helvétique des événements. Ainsi, un programme français s'est imposé des deux côtés de la frontière des langues, si difficile à surmonter pour nos productions nationales. Blocher, réveille-toi ! L'influence intellectuelle de l'étranger est aujourd'hui presque aussi dramatique qu'au temps des ingérences passées. Nous avons beau parler en dialecte, dans les régions alémaniques, nous suivons les mêmes modes culturelles que partout ailleurs. Mais nous maintenons, avec la «barrière de röstis», une distance déprimante dans les débats politiques. Dix ans après le non à l'EEE, l'éventuelle adhésion de la Turquie nous a préoccupés davantage que notre propre relation à l'Union européenne.

Sur l'adhésion à l'Europe, il n'y a plus de vrai conflit entre Suisse alémanique et Suisse romande. Il ne semble pas non plus que subsiste un conflit de génération. De même, il n'y a plus deux sociétés d'écrivains, elles ont fusionné dix ans après la fin de la Guerre froide, comme les deux Allemagnes. La deuxième votation sur l'abolition de l'armée a été un désastre pour les auteurs de l'initiative, mais son résultat comme celui de la votation sur l'ONU permet de mesurer le changement. En Suisse, après 1989, l'armée n'a plus du tout le même statut; elle a même réussi sa réforme – malgré l'opposition des blochériens. Les intellectuels ne protestent plus contre tout ce qui est militaire à coups de pétitions ou de manifestes; en automne 2003, l'écrivain Peter Stamm a publié une anthologie où ses collègues racontent leurs plus beaux souvenirs sous l'uniforme. La nostalgie et les combats d'arrière-garde s'observent dans tous les rangs.

ET BLOCHER DEVINT CONSEILLER FÉDÉRAL

De Gaulle avait été rappelé au pouvoir en 1958 pour conserver l'Algérie et il mit fin à la guerre coloniale en lui accordant l'indépendance. Mitterrand voulait abolir le capitalisme et c'est le communisme qui a été liquidé sous son règne. En dépit de l'obstruction de Blocher, la Suisse a épuré son passé, payé ses dettes de guerre et négocié avec l'Union européenne des accords qui la mettent presque sur pied d'égalité avec les Etats membres. Blocher, qui voulait isoler le pays, a accéléré l'avènement d'une société des médias, nivelée vers le bas, avec sa participation aux empoignades rituelles de l'émission alémanique Arena. Le tribun en profite, bien qu'il n'ait chez lui ni radio ni télévision. Il rêvait d'inscrire au

patrimoine national la mentalité du Réduit et une culture folklorique, mais de fait la Suisse s'adonne au mélange des cultures et
s'est ouverte au monde comme peu d'autres pays en Europe. Il
prêchait pour des réformes économiques douloureuses, et absolument nécessaires, dont ses électeurs seront les premières victimes.
Des réformes analogues ont dû être acceptées par d'autres pays
sous la pression du pacte de stabilité lié à l'introduction de l'euro.
Le milliardaire qui se targue de représenter les petites gens et qui
fut jadis exclu du conseil d'administration de la plus grande
banque du pays, est devenu l'espoir des milieux économiques.
Mais, nouveau ministre de Justice et Police, il ne représente guère
plus que certains principes d'ordre politique et quelques clichés
xénophobes. Un Réduit dans l'espace Schengen ? L'hostilité à
l'Europe de l'UDC blochérienne s'épuise dans un combat dés-
espéré et il n'y a pas de perspectives pour le secret bancaire.

En jurant, s'il n'était pas élu au Conseil fédéral, de mener
une politique d'opposition intransigeante, le garant prétendu
d'une Suisse protégée et le prédicateur de la voie solitaire s'est
encore efforcé de mener à sa perte le vieux système de gouvernement. En ce début du 21e siècle, il a brandi une double menace
s'il n'y était pas élu : la fin de la concordance entre tous les partis et l'avènement d'un Conseil fédéral de centre-gauche auquel
ferait opposition une droite parlementaire intraitable. Cela nous
aurait bien éloignés de sa Suisse idyllique et nous nous serions
ainsi rapprochés de conditions usuelles en Europe. Mais qu'a-
vons-nous vu ? A l'Assemblée fédérale, les extrémistes de gauche ont interdit ce cas de figure en refusant de donner leurs voix
à une femme, représentante d'un parti bourgeois. Et il n'y a pas
eu contre Blocher de manifestations comme en France contre Le
Pen. Les intellectuels européens ont été bien inspirés de renoncer à protester comme ils l'avaient fait contre Haider à Vienne.

En 1989, à la fin de la Guerre froide, le retrait d'Elisabeth
Kopp et la votation sur l'abolition de l'armée avaient marqué en
Suisse le début de la grande crise. Blocher était alors à son poste
de combat, cultivant ses stéréotypes sur l'immigré, sur le monde et
sur la Confédération. Pour lui, comme pour les intellectuels mar-
xistes de 1968, la politique est une arme de guerre culturelle contre

une idéologie dominante. Il n'existe dans aucun autre pays démocratique l'équivalent des pamphlets que cet homme politique publie régulièrement à ses propres frais et distribue par les journaux et dans toutes les boîtes aux lettres. Les essais obscurs qu'a diffusés notre nouveau ministre de Justice et police ont constitué une contribution grotesque à notre culture civique et font penser à la prose de Kim Jong Il. Le nombre de leurs lecteurs semble inversement proportionnel à leur tirage. L'obsession de Blocher ce sont les notes, qui parfois couvrent la moitié du feuillet. Dans un libelle de 48 pages célébrant le dixième anniversaire de la victoire contre l'EEE, Blocher cite par exemple l'édition des œuvres complètes de Jacob Burckhardt dans le style «Tome Sept, Fragments historiques, Page 370, Bâle 1929». Déjà le cinquième anniversaire du rejet nous avait valu une telle brochure.

L'apothéose de cet homme fut la période qui est allée de 1986 au 6 décembre 1992. Et sa Beresina fut l'adhésion à l'ONU, que l'UDC n'ose plus contester. L'entrée de Blocher au Conseil fédéral est-elle vraiment une victoire? La nouveauté, durable peut-être, c'est la polarisation de la politique intérieure. L'UDC, qui menaçait naguère de diviser le pays, est parvenue à augmenter ses voix de 10 à 25%. Elle a pris de cette manière la direction du camp bourgeois aux dépens des radicaux et des libéraux, étendant son mouvement à l'ensemble de la Suisse. Par ailleurs, l'élection de Blocher a remis en question, c'est vrai, la «formule magique», plus exactement la répartition des sièges au gouvernement fédéral telle qu'elle a fonctionné durant toute la Guerre froide. Le 10 décembre 2003 marque à cet égard le triomphe du tribun et son dernier combat, avant son repli dans le giron rassurant du gouvernement. Il a dû pour en arriver là mobiliser l'entier de son poids politique. Il ne pouvait aller plus loin, car les vents de l'histoire lui sont contraires et ils ont cessé d'être tempétueux. Les grandes batailles ont été livrées. Le chapitre paradoxal de l'histoire helvétique entamé en 1989 se clôt provisoirement sur l'élection de Blocher au Conseil fédéral, mais la Suisse, en achevant la pesée de son passé, a changé, s'est ouverte, s'est libérée des tromperies et la résistance de Blocher a eu pour effet de stimuler ce processus. Il l'a rendu évident.

BIBLIOGRAPHIE

ALTWEGG, Jürg et SCHMIDT, Aurel, *Perspektive Schweiz. Gespräche mit Zeitgenossen*, Zurich, 1986.

BERCHTOLD, Alfred, *La Suisse romande au cap du XXe siècle*. Lausanne, 1964.

BICHSEL, Peter, *La Suisse du Suisse*, Lausanne, 1970.

BÜCHI, Christoph, *Mariage de raison. Romands et Alémaniques: une histoire suisse*, Genève, 2001.

CENDRARS, Blaise, *L'Or: la merveilleuse histoire du général Johann August Suter*, Paris, 1925.

DÜRRENMATT, Friedrich, *Meine Schweiz. Ein Lesebuch*, Zurich, 1998.

FRISCH, Max, *Suisse sans armée?: un palabre*, Yvonand, 1989.

HARPPRECHT, Klaus, *Dieu est-il encore français?*, Paris, 2000.

KELLER, Gottfried, *Martin Salander*, Genève, 1991.

LOETSCHER, Hugo, *Le déserteur engagé*, Paris, 1989.

MUSCHG, Adolf, *Wenn Auschwitz in der Schweiz liegt. Fünf Reden eines Schweizers an seine und keine Nation*, Francfort, 1997.

NIZON, Paul. *Diskurs in der Enge*, Zurich, 1973.

SCHÜTT, Julian, *Germanistik und Politik. Schweizer Literaturwissenschaft in der Zeit des Nationalsozialismus*, Zurich, 1997.

WALTER, Otto, *Le Temps du Faisan*, Vevey, 1992.

ZIEGLER, Jean, *Une Suisse au-dessus du tout soupçon*, Paris, 1976.

ZIEGLER, Jean, *La Suisse lave plus blanc*, Paris, 1990.

L'AUTEUR

Jürg Altwegg, journaliste zurichois, est né en 1951. Il a étudié les lettres, en histoire et en littératures française et allemande. Il a collaboré à *Die Zeit* et à plusieurs publications de Suisse alémanique. Avec une attention exceptionnelle, il a suivi dès les années 1970 l'émergence de la nouvelle littérature romande et lui a consacré un livre en 1983. Depuis 1986, il est correspondant de la *Frankfurter Allgemeine Zeitung*, où ses chroniques, devenues une institution, éclairent pour les lecteurs d'outre-Rhin les événements culturels de France et contribuent aux échanges entre les aires linguistiques. Il vit dans la région de Genève.

SES LIVRES

Leben und Schreiben im Welschland : Porträts, Gespräche und Essays aus der französischen Schweiz, Ammann, Zürich, 1983.

Die Republik des Geistes, Piper, München, 1986. En français : *Querelles de Français*, Grasset, 1989.

Avec Aurel Schmidt :
Perspektive Schweiz, Benziger, Zürich, 1986.
Französische Denker der Gegenwart, C. H. Beck, Munich, 1986. Ce livre est traduit en japonais.

Die Heidegger-Kontroverse, Athenäum Verlag, Frankfurt, 1988.

Die langen Schatten von Vichy, Hanser, München, 1998. A paraître, en traduction chez Grasset.

Geisterzug in den Tod, Rowohlt, Hamburg, 2001. En français : *L'odyssée du train fantôme*, Robert Laffont, 2003.

Ach, du liebe Schweiz : Essay zur Lage der Nation, Nagel & Kimche, Zürich, 2002.

Avec Roger de Weck :
Kuhschweizer und Sauschwaben, Nagel & Kimche, Zürich, 2003.

Jürg Altwegg a publié, en allemand, le *Journal d'Allemagne* de Denis de Rougemont et préfacé des livres de Vladimir Jankélévitch, André Glucksmann et Yves Laplace.

COLLECTION LE SAVOIR SUISSE